JN221667

ヒマラヤ大聖者が贈る

眠れる奇跡を呼び起こす

聖なる目醒め

ヨグマタ
相川圭子

付属CDについて

CDの収録内容

トラック1（17:07）

講話『本当の幸せと出会うために』

▶https://youtu.be/0lxKQdBl4cc

トラック2（19:22）

『すべての悩みが消えていく瞑想誘導』

▶https://youtu.be/aqUbY49re4E

＼＼スマフォでも聴ける！／／

※CDの音源は、左記のURLまたはQRコードでウェブサイトに入り、パソコンやスマートフォンで聴くことが可能です。

CDの注意事項

❶付属CDを使って瞑想を行う期間は**1ヶ月間、週2回まで**にしてください。それ以上行うと、心身のバランスを崩してしまうことがあります。

❷エネルギーが混乱しますので、ほかの修行をしている方は、付属CDで瞑想をすることは絶対にやめてください。**瞑想をやるのならこれ一本に限定する**ということです。

❸付属CDで瞑想をする際は体調管理には十分に留意し、**気分が悪くなった場合は、すぐに中止**してください。

❹瞑想は本書の内容をよく読んでから行うようにしてください。
瞑想により潜在意識のふたを開けるので、自分でもコントロールできないさまざまなものが顕在意識に出てくることがあります。

修行は本来、自分ひとりで行うものではなく、**悟りのマスターにつながって信仰を持ち、浄めることができるものである**ということを十分理解してから行うようにしてください。

❺トラック1、2は、いずれも眠気を誘うことがあります。**車の運転中は付属CDを流さないように**してください。

はじめに　聖なる目醒めで「願った未来」がやってくる

◆人生が変わるヒマラヤ聖者の「秘密の科学」

あなたは風邪をひいたとき、どんなことをしますか？

栄養のあるものを食べてよく休む、これがもっとも早くよくなる方法ですね。

ところが、現代人の多くが「仕事が山づみだから」「子育て中だから」といった理由で、きちんと病気と向き合う時間をとろうとはしていません。

それは、風邪だけでなく、心と身体《からだ》が抱えた問題や、目のまえにあるさびしい悩みについても、同じことをしています。

「忙しい」「解決法がわからない」と、あきらめる必要はありません。きちんと向き合えば、人生は変わり出し、楽に、幸せに生きていけるようになるのです。

本書のヒマラヤ聖者の智慧《ちえ》である「秘密の科学」で、あなたは目醒め、苦悩や問題ときちゃんと向き合い、それを確実に解決していけるようになります。

もう、無理して一生懸命がんばらなくても、あなたは願っていた夢を叶えて、楽しく、充実した人生を送ることができるようになるのです。

あなたは、心と身体を酷使《こくし》することなく、そして苦労することなく、豊かで幸せに生きる人へ変わることができます。

では、そのように人生を明るく変えるために知るべき、ヒマラヤ聖者が教える「秘密の科学」とはどんなものなのでしょうか。

簡単にお伝えするとそれは、**自分の内側を磨いていく方法**です。つまり、創造の源とつながり心身を浄め、神様から守られるということ、そして、瞑想や愛の修行で、最高の人間になって願いを叶えていくということです。

自分の内側を磨き、心を愛で満たして、心と身体のすべてを浄めていくと、つまっていたものがお掃除され、自然に智慧とパワーが満ちて輝いてくるのです。

すると、**抱えていた悩みの正体が見えてきて楽になり、困難な問題も解消していきます**。そして、何をやっても上手にできるようになります。

内側を磨いて、愛の光が充満し、真理にだけ向かって生きるようになると、そうした智慧ある人に変容していけるのです。

このように、ヒマラヤ秘教の教えには、あなたが本当に楽に、豊かに、自由に生きていけるようになるための、「実践の学び」があります。それが本書で解き明かされていく、「真理への道」であり、そしてまた「悟《さと》りへの道」、「最高の人間に進化する道」なのです。

◆「真理を探究したい」という思い

「真理を探究したい」という欲望は、本来、誰のなかにも存在しています。ただし、それにどの段階で気づくかには個人差があるのでしょう。

私の場合、幼少時から心が純粋に惹かれるまま、真理の道を歩んできました。そして、ヨガの講師をしていたころ、ヒマラヤ聖者パイロットババジと出会い、私はヒマラヤへ招かれ、その師である偉大なマスター・ハリババジから「ディクシャ」という祝福と秘法伝授を受けて、悟りの修行を行っていきました。

ヒマラヤには自然があって、太陽があり、雪があり、あるときは風が吹いたりしますが、ほかには何もありません。あるのは心と身体だけです。

古来、ヒマラヤ聖者はすべてを捨てて、自分の内側を深く見つめ、そうして本当の自由を手に入れてきました。

私もヒマラヤの奥地で7年間のきびしい修行を重ね、**「究極のサマディ（真の悟り）」**に達しました。

それから、あらゆる困難を抱える人々へ、真理への道、無償の愛とつながる大切さをお伝えしてきたのです。

その一環で、２０１７年5月19日、私は前年に続いて、ニューヨークの国連本部に招かれ、世界中の人々に向けて世界平和のスピーチをしました。

「ヒマラヤ秘教」の歴史は、５０００年とも1万年ともいわれます。それをお伝えしていくことは至難ですが、意識が変わった人は少しずつ増えてきています。

◆日本にいながら聞けるヒマラヤの大いなる教え

冬は極寒となるヒマラヤの地で、はるか昔から聖者たちは、心と身体、そして大自然から真理を探究し、究極の意識状態に到達してきました。

本来、ヒマラヤ聖者に会うこと自体なかなかできないものです。ヒマラヤの隠された智慧に触れるということであれば、なおさらまれなことでしょう。

ですが、**あなたはヒマラヤへ行かずに、この日本で、真の悟りを得たヒマラヤ大聖**

者の智慧、愛のブレッシング（祝福）、そして、神の恩寵《おんちょう》のエネルギーであるアヌグラハを受けて、心身の変容と浄化ができるのです。

悠久のヒマラヤの教えを通じ、あなたは創造の源につながり、心と身体の曇りをとり除いて軽やかになり、本当の幸福を得ることができるのです。

本書の「聖なる目醒め」とは、ヒマラヤ大聖者の導きで新しい生き方に気づくということです。苦しみではない、すべてがありがたい学びの生き方です。

本書では、真の悟りについてくわしく解説します。心を超えて、死を超えて、創造の源と一体になり、純粋な存在になる必要性とその方法についてお伝えしていきます。

それはヒマラヤ秘教が明かす、本当の幸せ、本当の生き方、本当の自分、本当の瞑想、本当の愛についての解説です。

誰のなかにもある、神秘の力を目醒めさせることができるのです。

ぜひとも、あなたが生まれてきた本当の目的に気づいてください。

あなたが、「愛と幸せと悟りへの道」を歩み、瞑想を実践し、真の豊かな人生を送ることを、心より願っております。

もくじ　眠れる奇跡を呼び起こす 聖なる目醒め

第2章 内なる小宇宙を癒すと、すべてうまくいく

第4章 瞑想で心が溶けると、人生が変わる

第1章

あなたが
この世に生まれてきた
真の理由

生きる目的を知るための「秘密の科学」

私たちの人生は、まるで川のようです。

川は険しい山や谷を流れながら、ときに急な流れになったかと思えば、突如として穏やかなせせらぎになったりします。

流れていくうちに、大きな川にぶつかり、渦を巻いて流れることもあります。岸を削ったり、大きな石にぶつかったり、流れを変えたりしてゆき、いつの日か、長い流れの旅を終えて海に流れ着き、ようやく安らぎを得るのです。

私たちも、川のようにさまざまな変化を経験し、ときに物事が順調に進んだり、ときに障害にぶつかって傷ついたりしながら生きています。多くの人がそれをあたりまえと感じ、人生の流れに身をゆだねているでしょう。

ですが、なかには波乱多き人生の過酷さに耐えきれず、心と身体を壊してしまう人がいらっしゃるのも事実です。

私たちの人生に課せられているものは、いったい何なのでしょうか。

私たちは、いったい何のために生まれてきたのでしょうか。


ただ食べるために生きているのでしょうか。

子どもを産み、育てるためのみに生きているのでしょうか。

仕事をするためのみに生まれてきたのでしょうか。


誰もがこの人生をとおしてなんらかの成長を遂げたいと思っています。そして、生活をよくするために不足を満たそうと、いろいろな物を生み出しました。

ですが、人生の本質はそこにはありません。

ここに、私が実際に悟ることで得た智慧をお伝えします。


人の本当の生きる目的は、「自分はいったい誰であるのか」を探し求めることなのです。自分の奥深くにあるすべてを生み出す「源」を発見することなのです。

それは、「本当の自分」という、本質を見極めていくこと、変わらない真理の探究です。

それこそが人生最高の目的なのです。

私たちは、「本当の自分」を知るために、心と身体と魂をいただいて、この世に送られてきたのです。

誰の心身もストレスでにごっているのですが、ヒマラヤの「秘密の科学」であなたの内側の見えない部分を磨くことができます。本書ではその真理をお伝えしていきたいと思っています。

身体と心の内側が浄化されて純粋な質になって生まれ変わることを「変容する」といいます。**私たちは変容することにより意識が進化して、真の成長を遂げる**のです。そのために私たちは生まれてきたのです。

ところが、多くの人は、生きる真の目的に気づくことができません。もうすっかり忘れているのです。「本当の自分」から離れ、真理から離れ、外側の目に見えることで心や感覚を楽しませることに夢中になって、時間をつぶしているのです。

大切なのは純粋な存在に変容すること

人は潜在意識にいいものをたくさん持っています。それと同じくらい、がらくたも持っています。あなたのいいものは開発されないでいるのです。

人間は、目で外の世界を見て、耳で外から聞こえる音を拾います。外側からの情報があまりに多いせいで、幸せも外側に見える、外側に聞こえる世界のなかにある、と思い込んでいるのです。

そして、いつも外側に何かを探し、いろいろな情報に振りまわされてしまっています。みんな、どうやったら幸せになるか、ということに一生懸命です。

国も、税金をどう徴収し、どう配分したらいいのか、どういう物やシステムをつくったら、みんなに幸せが行きわたるのかということを、一生懸命議論しています。

しかし、いくらお金が配分されても、それはあっという間に消えてしまいます。

本当に幸せになるためには、クリエイティブにすべてのものを生み出す力、つくり出す力、智慧が必要なのです。自分のクオリティを高めるのです。

そういわれると、少しでもクリエイティブな力を身につけるために資格の勉強をし、手に職と考えて、誰もが能力開発に躍起になります。

ですが残念なことに、能力開発だけをがんばっても技能だけでは成功しません。やはりそこに人間性が必要だと思うのです。

では、どういう人間性がいいのでしょうか。

いい人になるために一生懸命であっても、生命力がないと疲れてしまいます。力を得ようと外のものに依存しても、それはやがてあなたを振りまわし、消耗させるのです。

何かに依存しないで、自分のなかの豊かさである「本当の自分」を目醒めさせていく、そういう人間になれるよう、その人自身が変容していくことが必要だと思うのです。

ここで、変容のプロセスをわかりやすくご説明しましょう。

修行をしていない人間の身体の質は土のように固く重いのですが、修行をとおしてそれが純粋になっていくのです。修行をすると固く重かった土の質が軽く自由になって、水になります。続けていくとそこが活性化して火のエネルギーが生まれ、それにより水が蒸発するように重かった存在が燃えてなくなります。そこに風が起き、さらにふるいにかけられ、空《くう》になっていくのです。

このように正しい修行によって、あなたのなかの重い不純なものが燃えて、まったく質の違う純粋なものに変わっていきます。

そして、すべて落ちたあとには、宝物が現れます。それが「本当の自分」です。

アファメーションなど、言葉で言い聞かせる一般に行われる方法は洗脳であり、単にその考えに染めて思い込んでいくので、また元に戻ってしまいます。右のものが左に行き、同じ質とレベルのなかでの変化と成長で、効果がなくなると元に戻ります。

こういったことを続けると、マインドに思いが加わって余計に強まります。

しかし、変容を遂げれば次元の違う人になって、誰もがダイヤモンドのような輝きを持つことができるのです。質が変わる変身術というか、錬金術といえるでしょう。

ヒマラヤ秘教とは、汚いものは浄化をし、きれいなものを引き出して変身を遂げ、そして、本当の幸せをつかむための教えです。それは単に言葉による知識ではなく、変容するための実践がある教えなのです。

内なるエネルギーを枯渇《こかつ》させるものとは

人は生きるために、自分を駆《か》り立てるようにして、いろいろなことを学び、知識を得ようとします。

さまざまな技術を身につけ、心を砕《くだ》きながら、一生懸命に目標に向かって、身体を酷使してがんばっています。

たとえば、

いい仕事を得るために学び、成功するために、資格を得ていきます。

安らぎのために、家を買う努力をします。

健康のために、よい食事をとる工夫をします。

家族を幸福にするために、毎日遅くまで仕事をしています。

美しくなるために、化粧をしたり、きれいな洋服をそろえたりします。

このように、物欲を満足させるため、また理想の環境を得るために努力を惜しまず、突き進んでいることと思います。当然、欲しいものが手に入ればうれしさを感じ、心は満足するでしょう。

そうして欲望を満足させ、何かあっても多少のことはそれほど苦しいとも思わずに乗り越えて生きています。

しかし、うれしさや喜びが一段落すると、また次に欲しいもの、達成すべき目標が浮かび、それを追い求めて、せわしなく活動しはじめるのではないでしょうか。

感覚や心は一度満たしてもその効力はすぐに終わり、また次の欲望が湧き起こり、満足を探し求めます。

心はとどまる性質ではなく変化をしていて、いつも何かを探し求めてしまい、それに一生懸命にならないと生きている気がしないのです。

仕事や勉強の能力が高く、体力にも自信がある人ほど、次から次に何かをくっつける発展的な欲望が芽生えそれに向かって走り続けます。そういう人はその思いと一体になってはまり込んでいるので、のんびりすると、かえって不安になる傾向があるくらいなのです。

ですが、このような行為は、心の働きに翻弄されているだけなのです。心の奥深くからさらにそれを超えたところにある「本当の自分」が満足しているわけではありません。

心は次から次へと、欲望に従って満足を求め続けていきます。それはきりがありません。そのこだわりを「**執着**」といいます。大概の苦しみは、この執着する心にあります。

もちろん、そうしたこだわりでいいものを見つけたり、いいものをつくったりすることができるのも事実です。

ですが、それが**セルフィッシュ（利己的）な欲望への執着であると、やがて疲れてしまう**のです。そして、いろいろなものと闘っていくうちに、次第にストレスを溜め、エネルギーが枯渇していきます。

どうして同じことをくり返しているのでしょうか。

それは人が心とともにあり、そのことが普通のこと過ぎて、いまだ誰も目醒めておらず、単に心の欲望を満たすために生きているからなのです。

欲望や執着していることを手放す

人間は、見えるものや物質面の進化を豊かさだと思い込み、欲望を原動力として物質文明を築いてきました。しかし、心の欲求はとどまるところを知らず、ただ無意識に動き、人間の深い内側については無知のままであるのです。

人はみんなの幸せのための行動である、などというのですが、よく見ますと、地球や人の未来の成り行きを考えているとは思われません。「自分さえよければ」「今がよければ」とエゴを増大させ、利己的な心で自然環境を傷つけ、汚し続けてきました。

大きな視野で見ますと、この地上であなたの所有するものは、何ひとつありません。住む土地も家も、お金も物品も、すべて宇宙の創造主から一時的にお借りしているに過ぎないのです。

ところが、それらを「自分のもの」だと勘違いしています。ですから、傷つけても平気なのです。

でも今、「このままではまずい」と気づきはじめた人が出てきました。気づくことができれば、意識を変えること、現実を変えることができます。

私は宇宙真理に出会い、「本当の自分」を体験したのです。それは究極の悟りです。それによって「本当の自分」の願いを知ることができました。

そのレベルから真理を述べますと、「純粋な自分」「本当の自分」が望む生き方とは、**セルフィッシュな欲望や執着する物事を手放し、宇宙の真理に沿って、あらゆるものと調和して生きること**なのです。修行はそれを実行するために存在します。

人は宇宙と同じ素材でできている心と身体、魂を持っています。ですからヒマラヤ聖者は身体のことを「小宇宙」といいます。ヒマラヤ秘教では、その心と身体を浄化して、質をよくする修行をします。

人の質はそのままではにごって混乱しています。それを修行で純粋なクオリティにすると、意識が進化して源の自分につながることができるのです。それを信じて修行をします。

源の自分からの力が内側から満ちてくることになるのです。そして真理に出会う、つまり「本当の自分」になっていくのです。

それは、ヒマラヤ秘教の秘密の科学でしか出会うことができないのです。

内側の深いところの、絶対なる存在とつながっている人は、本当に安らぎを持って生きていけるはずです。多くの人が争っているなかで、愛を持ち、みんなを許していくことができるからです。

そういう人が少しでも多くなっていってほしいものです。すべての人がそのような進化をしていくことで、みんなが生まれてきた目的を叶えて、本当に幸せな世界が実現されていくのです。

人生の重荷が消え、運命が変わる

誰もが何も背負っていないようでいて、たくさんの重荷を背負っているものです。**重荷とは本人が抱えるストレスであり、また運命です。**

家族や仕事の問題。あるいは、本人にもわけがわからないけれどヒヤヒヤする感情など、さまざまな重荷があります。

誰もがそんなものすごい重荷を背負っているのですが、人には「慣れ」という性質があって、苦しみにもすぐ慣れてしまいます。苦しくても、まあ人生こんなものかと納得するのです。

こうした適応性は、神様が人間に備えてくれたものです。たしかにそれは、自分を守るうえでありがたいシステムです。ですが、いいかえるとそれは仏教でいうところの無知ということであり、いろいろな心に翻弄されている状態なのです。

それに甘んじることなく、真理の人になっていただきたいと思っています。それは、今の状況にも適応して、現実を受け入れたうえで真理の道を歩むということです。

重荷に翻弄されたり無視したりするのではなく、「本当の自分」につながってカルマを浄化して内側に気づくのです。

自分の内側にある喜び、悲しみ、欲望など、どういう心を日々抱えているのか。自分が何で構成されているのかに気づいていくのです。

自分でも見逃していた、一抹の不安や寂しさ、恐れ、おごりといった、混沌とした気持ちに気づくことができると、それからの人生で何を選択したら充実するのかがわかるようになります。まさに意識の進化です。

気づきをきっかけにすべての重荷は手放され、楽《らく》になっていくでしょう。

このように、人生の重荷をきっかけに学びとすれば、心身の問題が自然に解決されたり、いいものを引き寄せたりして、運命を変えていくことができます。

小宇宙である人間は、宇宙と同じ素材でできていて、そこには宇宙のすべてがあり、自分でも知りえない内なるパワーを秘めています。

もし、あなたが与えられている仕事をもっと充実させたいのであれば、謙虚な気持ちで学び、多くの出会いを大切にし、気づきを深めていくことで、小宇宙のパワーを目醒めさせていくことができるでしょう。

ヒマラヤ聖者との出会いで起こった奇跡

正しいマスターのもと、セルフィッシュな欲望への執着を手放し、内側の旅へと歩みを進めることができると、人生で抱えている重荷を下ろすことができるようになります。
ここで、ヒマラヤ聖者との出会いをきっかけに目醒め、人生が変容したひとりの男性の体験談をご紹介します。

ヨグマタジと出会ってから2年が経ち、想像もしていなかったほど人間関係がよくなり、仕事も家庭も、ありがたい毎日を送らせていただいています。これほど変化するとは思っておりませんでした。

以前の私はそれなりに幸せではありましたが、仕事も家庭もモグラたたきのように、ひとつ解決してはまた新しい問題が発生する、ということをくり返して、ストレスが溜まっていました。

そんななか、４人目の子を授かり、うれしさの反面、精神的プレッシャーによる重圧も相当ありました。
半ばあきらめの気持ちで、仕事や家庭があるだけで幸せだ、と思い込むしかないなか、ヨグマタジとの出会いがありました。

それからは本当に奇跡といっていいほど流れが変わっていったのです。

たとえば、今までひとりで何時間もかけてやっていた仕事を、周囲の人が手を差しのべて協力してくれるようになり、どんどんこなしていけるようになりました。

また、これまで「男性の育児休暇は１ヶ月間まで」という社内規定があったのですが、私が申請を出すタイミングで社内規定の改正があり、最長１年間の取得が可能になりました。

私も思い切って６ヶ月間の育児休暇を申請したところ、二つ返事で承諾していただけたのです。

男性が育児休暇をとること自体に異を唱える上司もいたような会社だったのに、本当に信じられませんでした。

そして、育児休暇明けはさらに驚くことが続きました。

３人目までの育児休暇明けは、休んだ１ヶ月分を早急にとり返して、といわんばかりの小言やプレッシャーが周囲からありましたので、６ヶ月間の育児休暇明けの復帰は、覚悟して出社しました。

ところが、そんな心配はとり越し苦労で、休暇の延長を打診されたり、「帰ってきてくれてありがとう」と感謝されたりしたのです。まるで別の会社に勤めているような感覚で、嘘のような話ですが本当です。

そして、私が自分に起きる奇跡を実感できるようになったころ、家庭の雰囲気が明るくなり、気づけば4人の子どもたちも兄弟ゲンカが減っていました。たとえケンカしたとしても、以前のように暴力をふるうようなことがなくなり、仲直りするのも早くなってきました。

また、小学1年生の長男は、「どうしたらいじわるしないでいられるのか」を、クラスにいたいじめっ子から相談されて、一緒に考えてあげたそうです。

子どものうちから、思いやりで友だちとつき合う体験をいただけるとは、とてもありがたいことです。

ヨグマタジにお会いしてからの2年間で本当に人生が変わりました。

私自身、人生の目標が具体的になり、実現化することがとても多くなってきました。

これからも自分の殻にこもらず、一歩一歩確実に道を開いていくことになると思います。

こういうことを力むことなく、また疑いなく思える自分がいるのが、本当に変われたのだなと思うと同時に、なんだかとっても不思議な感覚です。


（東京都　30代　男性）

内側のバランスを整える方法

お伝えしてきたように、現代人は「感覚の喜び」「心の喜び」を追い求めることや、その感覚を満たすのに一生懸命です。

その欲は、単にエゴを満足させるための一時的な欲求です。ですからあなたは「本当の自分」に出会うことが大切です。

ヒマラヤの聖者は命をかけて真理を発見したのです。「本当の自分」、つまり真理を探究したのです。

人間の身体も、自然の一部です。宇宙のリズムのなかで生かされています。太陽が昇るとともに、命あるものはすべて、太陽の陽のエネルギーを浴びながらイキイキと活動します。

そして月が昇ると、その穏やかな陰《いん》のエネルギーに包まれ、癒されて安らぎ、生命力を回復させるのです。私たちのなかでも、そうした自然のリズムが働いています。

ところが現代は、環境も生活も不自然になっています。情報や欲望で心を使い過ぎれば、ストレスが溜まっていく一方です。

そうこうしていくうちに、潜在意識に否定的な思いが蓄積し、よりよいエネルギーを引き寄せられなくなります。そうなれば、心身のバランスが完全に崩れてしまいます。運も悪くなってしまうでしょう。

人間関係がうまくいかないとか、仕事で失敗するとか、現実が思うようにいかないのは、自分の内側に問題があるからです。

では、具体的にどのようにしたらいいでしょうか。

そういったアンバランスな不調に対し、何か症状を抑える薬や、また元気になる薬などを使えば、アンバランスがますます固定化されてしまうのです。

ですが、ヒマラヤ秘教は、アンバランスをとり除き、調和をとり、意識を進化させて気づきを深めていき、新しく再生していくことができるのです。

それは悟りを得たヒマラヤ聖者のみが知る秘密の科学からの救いです。

その**内側のバランスをとるための大切な方法のひとつが「瞑想」という修行**です。

瞑想で意識を進化させて、自然性をとり戻し、さらに自然さえも超えていき、神秘の世界に導かれていくのです。

生命力を高める瞑想

自然性を回復するための瞑想ですが、最近は「マインドフルネス」という言葉が一般の方にも広まり、ちょっとした瞑想ブームといわれています。

世間一般に認識されているマインドフルネスとは、純粋で、生命力が満ちていて、よい状態のことをいっているのでしょう。

瞑想を通じて、マインドを生命エネルギーで満ちた状態にしていくことができるという方法で、これは仏教からの流れです。

このようなことが広まったと聞くと、幸せに生きるための本質的な情報が、より必要とされているのを感じます。

マインドを満たすというのは、単に欲望の心を満たすということではなく、何も思わない「無心のマインド」になっていく、ということです。

しかし、大抵の人は、「無心になること」あるいは「心を空っぽにすること」がどんなことなのかわかりません。瞑想をした人であっても、それはむずかしいと思います。特に多忙な日常を過ごす現代人は、思考や心を切り離すことが簡単ではありません。

ところが、実は、これにはポイントがあり、**ひとりひとりに適した方法がある**のです。

私はそこを見抜いて、ヒマラヤ秘教にもとづく、適切な指導をしています。

すると、瞑想を続けるうちに、内側の深いところにあった、ネガティブな思いの解放がうまくできるようになります。ごちゃごちゃした感覚が、愛によって溶《と》かされ、変容するのです。

たとえば、親を恨んでいた人が、感情の解放をすると、自然と素直になって、親を許せるようになります。

瞑想自体、最初は苦痛に感じる人がいますが、悟りのエネルギーの祝福と、聖者の智慧からの瞑想秘法をいただきながら行うと、安全に最速で心身が浄められ、エネルギーの混乱が浄化されて軽くなるため、苦痛を感じることなく、長時間でも瞑想に没頭できるようになってくるのです。

瞑想を続けていくと、細胞全体をエネルギーが循環するため、見た目も若々しく変化します。集中力も高まるため、時間を有効に使えるようになります。日常生活のなかでできたゆとりを、クリエイティブな活動に生かすことができるのです。

瞑想で内なる静けさを知り、心を浄化していく

創造の源とは、愛であり、静寂です。そのことを悟ると、すべてが楽になっていくのです。ガイドのもと、正しい瞑想をして心を浄化していくことは、「本当の自分」である創造の源へとたどり着くための、「内側への旅」なのです。

内側への旅を続けていくと、過去生《かこせい》からのさまざまな体験の印象が小宇宙に刻まれ、あなたを染め上げていることがわかってきます。それによって人生が翻弄されていることに気づけるのです。

瞑想をすることで内側を整理整頓して浄化しますので、そこから心が静まり、自然に平和や愛の感覚を思い出し、バランスがとれていきます。

内なる静けさにチャンネルを合わせ、まだ知りえない無限の存在を心の奥深くに探し続けていくことで、「本当の自分」に向かうことができるのです。

ですが、そのプロセスのなかで、「本当の自分」でないものが雑念という形で現れて、「本当の自分」に戻ろうとしているあなたを執拗《しつよう》に邪魔してくるかもしれません。けれども、「雑念が見える」あるいは「聞こえる」ということは、いろいろな矛盾が浄化されていっている証拠です。実は、それは雑念とあなたが切り離されていく姿でもあるのです。

外に意識を向けて何かをしているとき、仕事や趣味など夢中になることをしているときは自分の信じている考えとひとつになっていて、雑念は見えません。それは心が外側のことに集中し、その考えや観念と一体化し、それが自分だと思い込んでいるからなのです。それは普通の姿ですが、そうして心を強めどんどん心を発達させていくと本質から遠くなるのです。

内側への旅とは、自分の考えや観念がはたして永遠のものなのか、あるいは、こだわらなければならないほど重要なものなのか、本当に自分なのかといったことを見極め、手放していくということです。それを見つめていくことです。

内側への旅を通じて、不要なものは自然に落ちていきます。そして心が落ちつき、「本当の自分」に近づいていきます。

ヒマラヤ聖者のエネルギーにつながることで守られ、潜んでいる悪魔に翻弄されないで真理の道を歩むことができるのです。これは自然に起きる変容の旅なのです。

「なぜ」という疑問と、それを解きたい探究心

修行や瞑想といっても、当然それは簡単な行いではありません。私は真理の道を苦労して歩んできました。いわゆる苦行をしたのです。ときに命を落としそうな危険な目にも、何度もあいました。ヒマラヤへの旅は何が起きるかわからないのです。

真理の道の歩みを成功させるには、それをよく知るマスターが必要です。私自身もマスターを得て、「本当の自分」に出会えたのです。でも、それは偶然ではなく、必然だったのだと、今はわかります。

私は子どものころから争いごとが好きではありませんでした。トランプで相手に勝っても、自分のなかでうれしい気持ちが湧き起こると、逆にとても居心地《いごこち》の悪い気分になったことを覚えています。

競争に勝つこと、わずかながらでも生じる、勝ったときに得意になるエゴの気持ち、

そうした感覚が嫌だったような気がします。勝ち負けは嫌で、何もない平和な静けさを深いところから望んでいました。

思い返せば、幼稚園のときからすでに、人を救っていきたい、という気持ちがあったような気がします。かわいそうな人がいると助けていました。

それを自然にやっていたのですが、何か特別な子のように思われ、ほめられ、表彰されました。

幼いながらみんなに幸せになってもらいたいという、そんな気持ちが芽生えたのは、1歳半のときに亡くした父の影響かもしれません。

父は若いころ海軍にいて、その後、法律家を目指して大学に通い、卒業後は警視庁に勤めながら司法試験の勉強をして、ついに弁護士になったと聞きました。

人助けを天命としていた父でしたが、１９２３年（大正12年）の９月１日に起きた関東大震災で逃げ遅れた人を救助したあと、火の海だった東京から東京湾を懸命に泳いでわたり切ったそうです。

しかし、そのときに肺に水が入ってしまい、それが原因で肋膜炎《ろくまくえん》になりました。絶対安静の療養生活を経て健康をとり戻しました。しかし、その後遺症により最期は結核で亡くなってしまいました。

父は常に勉強をしている人で、今は亡き母の話しでは、食事のときも勉強していて、何杯食べたのかわからなくなっていたことも。「もう、たくさん食べていますよ」と、母が告げたこともあったそうです。

亡くなったのは私が1歳半のときなので、生前の父との思い出はありませんが、家の古びたトランクのなかにあった海軍時代の勲章や、書庫で見つけた何冊もの分厚い法律の本を見ては父を感じていました。


勉強熱心な父に似ているのか、私も常に、何かを深く学びたい、と思っていました。そして、10代のときに、ヨガと瞑想に出会います。

さらにヨガと瞑想を指導するようになっていったとき、インド中のヨガの道場で学び、さらに日本、中国、ヨーロッパやアメリカで、心理学、ヒプノセラピー、ボディーワーク、神道や宗教、そしてヒーリングといった心身と魂の学びをいろいろとしていったのです。探究熱心な私にとって、健康と病気の治し方の研究は大変おもしろいものでした。

私は常に、「なぜ」という疑問と、それを解きたい探究心が強く、自然現象を見ては、どうしてこうなるのか、と追究するのが好きだったのです。

また、この宇宙の成り立ちや、生命の源の真実を知りたいと思い、好奇心と探究心から、いろいろと学んだのです。

そうした研究と同時に都内50ヶ所の有名デパートやメディアのカルチャーセンターでヨガを教え、講演なども多数引き受けました。

また相川式ヨガ、ヨガダンス、深い調和をはかる新しい動きや考えのプラナディヨガというオリジナルなメソッドをつくり、本も著しました。

そんな私にある転機が訪れました。

テレビ局から、番組制作のためのお手伝いをしてほしいと、声をかけていただいたのです。

それがきっかけで、インドでもっとも有名なヒマラヤの聖者である、パイロットババジと出会い、ヒマラヤへ招かれたのです。

結果として私は、ヒマラヤの奥地、秘境で修行に入ったのです。

それが宇宙の叡智の真髄を体験する、ヒマラヤ聖者の「究極のサマディ修行」でした。

7年間、ヒマラヤの奥地できびしい修行を重ねる

究極のサマディとは、すべてのカルマを浄め、身体を超えて、心を超えて、死を超えて、真理つまり神と一体になることです。「真の自己」となり実際に至高なる存在、梵我一如《ぼんがいちにょ》となることなのです。

究極のサマディに達すると真理を発見し、すべてを悟ることができます。

ヒマラヤの聖者たちは、人はいったいどこから来てどこに去っていくのか、自分はいったい誰であるのか、何が本当の幸せなのかと、真理を探究してきたのです。

そのヒマラヤ秘教の歴史は、５０００年とも1万年ともいわれます。

では、サマディで心と身体を純粋にし、それらを超えて、死を超えるとはどういうことなのでしょうか。

私たちの心と身体は宇宙と同じように物質でできていて、それがどれほど純粋かで性質が違ってきます。

その性質には、「タマス」という重たい暗性の性質、「ラジャス」という活動の性質、さらに「サットヴァ」という純粋な性質があり、心身はこれらが混在しています。

この3つの性質は「グナ」と呼ばれています。

タマスの不活性なエネルギーと、ラジャスの活動的なエネルギーは、どちらも生きるうえで大切ではありますが、どちらかが強くなり過ぎてバランスが崩れると、心身ともに不健康な状態になります。一般の修行しない状態ではそれらは目醒めていないので、大抵の人がタマスのエネルギーを多く抱えていて、それは重いのです。

サマディ修行とは、この性質を変容させ純粋なサットヴァにしていくことなのです。

私は偉大なマスター・ハリババジを師として、きびしい修行を重ね、ハリババジから高次元のエネルギーの祝福である「ブレッシング」をいただいて、サマディに到達しました。魂、つまり真我《しんが》（アートマン）になったのです。心と身体の束縛から完全に自由になり、すべての疑問が解かれ、悟ったのです。

ヒマラヤの聖者ハリババジから、ヒマラヤ秘教の秘密の教えをいただいたのです。それは言葉で学ぶというよりも、「実際にそうなる体験をすることでわかる真理」とでもいうべきものでした。

命の危険がともない、究極のサマディに到達するかどうかの保証もない修行に飛び込めたのは、真理を知りたい、源にたどり着きたい、という思いが、ひと一倍強かったからです。

そうして7年間、ヒマラヤの奥地できびしい修行を重ね、ついに悟りに達したのです。

その後、2007年1月に「ジュナ・アカラ」というインド最大の聖者協会から、インドの聖者や修行者にとって最高の称号である、「マハ・マンダレシュワル（偉大なる宇宙のマスター）」を授かりました。この称号は、仏教では大僧正にあたります。

さらに、宇宙を表し、神と一体という意味の「ヨガ（yoga）」、そしてmotherつまり母という意味の「マタ（mata）」から、「ヨグマタ（Yogmata）」という名もいただきました。

これは、インドの権威ある知識人協会から、ヨガの究極を修めた人である、ということでいただいた偉大な称号です。

そして現在は、誰もが愛と希望に満ちた人生を歩めるように、私のサマディからの宇宙的愛をシェアしてすべての人に真理をガイドしています。

世界中の人々が、聖なる出会いを求めてやってくる

3年に一度、インドの四大聖地、ハリドワール、アラハバード、ナシーク、ウジェインのいずれかで「クンムメラ」というスピリチュアル大イベントが開かれます。ガンジス川など聖なる川のほとりにある聖地で、持ちまわりという形で開かれるのです。

それはインドの歴史がはじまった当初から、脈々と続いているものです。

クンムメラには、ステージの高い聖者であるリシや、サドゥと呼ばれる修行者がインド中から集まり、テントを構え人々を迎えます。

人々は沐浴《もくよく》と聖者との聖なる出会いである「ダルシャン」を求めます。

ヒンズー教徒にとって、とても重要で大規模な聖者のお祭りであるだけでなく、世界中から人々がやってくる、世界最大の祭典なのです。その参加者は1億人ほどに達

するということです。ヒマラヤ秘教はヒンズー教の源の教え、超宗派の教えです。

クンムメラ（Kumbh Mela）の「クンム（Kumbh）」とは「つぼ」、「メラ（Mela）」は「集《つど》う」という意味です。

「つぼ」とは空っぽの入れ物、心身の浄化が進んだ、汚れのない魂を持つ聖者や修行者を意味します。

歴史のはじまりから、この聖なる祭りは続けられています。

この聖なる大イベントに集い、人々は浄められ、癒され、生きる力を得ることができるのです。

その4つの聖地で私は、真理の証明である「公開サマディ」を行いました。

究極の修行「公開サマディ」

クンムメラは、日常では決して味わえない体験です。

人々の喜びのバイブレーションが会場にあふれ、熱気と興奮に包まれます。

人々は揺るぎない信仰心のもと、マスターとのダルシャンを得るため、あるいはそ

クンムメラの様子

こで行われる法話を拝聴するために聖者のテントを訪れます。そこには感謝と喜びがあります。

2007年1月、アラハバードで開かれたクンムメラで、メインイベントとしてぜひ、との要請を受け、私は「公開サマディ」を行いました。

古来、究極のサマディを成就した聖者はほんのわずかしかいません。そのなかでさらにほんのわずかな聖者が何百年に1回、人々に真理を証明して理解を促し、祝福を与えて幸福にするために、公開で究極のサマディに達する修行を行ってきました。

これはもっとも困難な修行であり、命を落とす人もいるのです。ですから、公開サマディは真の悟りの証明とされています。

インド政府から許可を受けた者だけが公開サマディを行うことができ、現在行うことが可能なのは、インドの出家修行者のなかでパイロットババジと私の2人のみです。

ヒマラヤ聖者のなかでも、究極のサマディにより、究極の悟りを得た存在が「シッダーマスター（サマディマスター）」です。

シッダーマスターは、何世紀かに一度くらいの割合で現れます。インドでは、シッダーマスターは最高のマスターです。

公開サマディは、そんなシッダーマスターが、**神の分身であるという人間の可能性**を究極の悟りという形で身をもって証明することが目的のひとつです。

私は、16年にわたり過去18回の公開サマディをクンムメラや、インドのそのほかの地域で行ってきました。年1回ないし2回のときもありました。

公開サマディは「アンダーグランドサマディ」とも呼ばれますが、それは真理の証明のために地面を3メートルほど掘ってつくられた地下窟《ちかくつ》で行うからです。

地下窟のなかにひとりで入り、外側から出入口をシートでふさぎます。

そのうえにトタン（亜鉛鉄板）を載せて、さらにシートで覆います。

最後に、シートのうえから土をかけて密閉します。これで地下窟には外気はまったく入りません。

その地下窟のなかで3〜5日間、食料はもちろん水さえも口にせず、深い瞑想から究極のサマディに入り、神と一体になるのです。そのとき、心と身体を超えて、呼吸も心臓も止まり、死を超えるのです。

数日後、ある決められた時間がくると、復活して肉体に魂が戻り、ふたたび呼吸しはじめ身体が動き出します。

公開サマディは、地下窟のなかで深い瞑想からすべてを超えた意識になります。長く修行をしていても、この状態は限られた者しか達することはできません。もし、修行が間違っていたり、浄まっていないで心が働き、生きて呼吸をし続ければ、地下窟のなかに二酸化炭素が充満し、物理的に肉体は亡びてしまいます。

サマディ後は神意識となり、それ以前とは心身のエネルギーがまったく変わります。より微細でクリアになり、何の苦しみもなくなるのです。

これは仏教的には最終の解脱であり、「ムクシャ」ともいいます。究極の悟りです。究極の状態、源と一体になったときに真理を悟るのです。そして行者はさらにパワーアップして人々を祝福し、変容させる力を得るのです。

癒しと愛を分かち合うために

私たちの心の奥には「愛の海」があります。それは創造の源へつながる、愛と平和の世界です。シッダーマスターは、それを実際に体験して知っています。

インドにはおびただしい数の聖者やマスターがいて、いろいろなスピリチュアルな道を示しています。

しかし、そんなインドにおいてさえ、最高のサマディに達したシッダーマスターに会うのは奇跡です。

そのため、クンムメラでは、マスターのなかでも、特にシッダーマスターによる祝福を受けに訪れる人は途絶えることなく、長蛇の列となって続いています。

シッダーマスターである私のサマディの祝福を受けようとして、1日に何千人という人が訪れます。

そこで、サマディの癒しと愛、平和のアヌグラハという神の恩寵、慈しみのパワーを分かち合います。

その際のあいさつは、私の足へのタッチです。聖者へのあいさつで、すっと心が素直になり空っぽになるのです。つまりエゴ（我《が》）が落ちます。

また同時に、シッダーマスターからブレッシングをいただくと、エネルギーの波動により自然と心身が浄められ、意識が次元上昇し、一瞬にして幸せになることができるのです。

智慧と愛のブレッシングによって、内側の豊かさを目醒めさせることができます。

私が公開サマディを行うのは、人のなかに神の存在があることを知らせるためと、人々の意識を進化させ目醒めさせるためです。平和をシェアするのです。

私は心身を浄めつくした高次元の存在の質を持ち、人々を変容させ幸せにできます。言葉と存在と愛、生命力によりみんなを変容させることができるのです。

テクニックを与えるのみではなく、みんなが信頼して恩恵を受けられるようにしているのです。

シッダーマスターとしてあなたに伝えたいこと

私がヒマラヤで修行を積んでいたある日のこと、師のハリババジに呼ばれました。

「日本にサマディを伝えなさい。人々に真理を伝えなさい。人々を苦しみから救うのです。平和を伝えなさい」

師は私に、そう告げられました。

私はあなたに伝えます。**あなたの奥深くの本当の自分を愛してください。そして「本当の自分」を目醒めさせていただきたいのです。**

「本当の自分」とは魂です。それは純粋な存在ですが、今、魂は心の曇りが覆っていて目醒めていません。「本当の自分」には無限の愛とパワーがありますが、あなたは自分にそうした力があることを知りません。それをシッダーマスターとの出会いで目醒めさせます。

すばらしい無限の豊かさが眠っているのですから、宝探しをするようにあなたを磨いていく、そういう教えに出会っていただきたいのです。

「本当の自分」を実際に体験するという人生の目的を忘れることなく日々を生きていると、それまでの人生とは明確な違いが表れてきます。

もちろん、全力でその目的を目指すなら、なおさらです。

目のまえで起きている出来事に対して、こだわる必要がないとか許すべきだとか、判断できるようになるのです。

これまでは、「ぶつかると痛いから、今度はこっちに行こう」と決めて生きてきたかもしれません。人生の目的を意識すると、そんなふうに何かにぶつかって、打撲症になりながら生きていかなくてもすむようになります。

また、がんばり過ぎると、エゴが育って大きくなってしまいます。それは一生懸命生きていることに違いはないのですが、つまらないことにこだわりが強くなってしまいます。

そのように、むだなエネルギーを消耗しないで、信仰心でゆだねて祝福をいただき、深い智慧に生きて、無限の存在、またマスターと自分自身への愛を育んでいくと、**無償の愛、慈愛が生まれてくる**のです。

真理を信頼してその指針に沿って、正しい方向に向かって生きていくかどうかで、人生に雲泥《うんでい》の差が出るわけです。

多くの人は、「本当の自分」に出会っていくということを知りません。魂を進化させるということを知りません。しかし、ヒマラヤ聖者は、そのことを発見しました。それは悟りへの道です。

あなたは本当の自分に出会うために生まれてきたのです。目のまえの出来事にとらわれていて、日常生活をどう生きるか、ということで精一杯になっているのは、本来の生きる目的を無視している無知な生き方なのです。

生きるために、誰もが自分を守ろうとします。人と自分を比べて競争し、他者を攻撃し、「自分さえよければ」という利己的な発想に至ることもあります。

そのような過剰な自己防衛がエゴとなり、ネガティブな思いや考え方、言動をつくり出してしまいます。死に対する恐れも、心の働きです。

心は次々に欲望を満たそうとします。エゴの欲望に翻弄されて、深いところの安らぎや幸せを手に入れることができないのです。それがどういうものか、わからないのです。そこが目醒めていないからです。

私は本書で、あなたに本当の生き方の智慧を伝えています。ヒマラヤ聖者が示す悟りへの道ですが、ただそれは言葉で聞くのみでなくそれを実際に行じて、小宇宙のバランスがとれて変容していくのが望ましいのです。

ぜひ、「本当の自分」に出会う修行を実践をしていただきたいのです。

その修行法はシッダーマスターのみが知る命の秘法で、サマディパワーとともに口伝され公開できません。悟りへの道の実践のプロセスで、すべてが解決するのです。ここではあなたがそうした価値を知るために必要な知識を伝えています。

瞑想を進めていくと、やがて内側が静寂となり、心の欲望に翻弄されず、楽に生きられるようになるのです。

実際に修行をして不安や恐れを払拭し、平和にクリエイティブに生きるには、マスター直伝の秘法が必要です。心の働きを静めて、心に惑わされない自分になれ、神の意識をもって生きられるのです。それは美しい生から死への生き方であり、愛を表現し智慧をもって生きる人になれる道なのです。

ポジティブとネガティブのバランス

悟りとは智慧のある人になることであり、完全な人間になるということです。「本当の自分」になっていくこと、それは魂になること、つまり神に出会っていくことです。真理を体験するための修行のプロセスで、あなたのクオリティがどんどん純粋なものに変わっていきます。

そうして生きていると、さらなるよい縁《えん》につながることができるのです。すると、生きることが楽になるし、願いがどんどん叶えられていきます。

この社会は、本当にすべての人が縁という見えない糸でつながっています。

だから、いいつながりに気づいていくと、いいものを呼び込むことができます。当然、悪いつながりだと悪いものを呼び込んでしまうのです。

ですから、どういう心で生きていくかということが、とても大きな問題です。

人生はあなた次第です。あなたが嫌だと思えば、嫌なものを引き寄せるのですから。

このことを自業自得というのです。あなたの思ったとおりの人生になるのです。

感謝や愛という、ポジティブな考えになっていくと、あなたはもうその瞬間から変容していくことができるでしょう。

ただし、気をつけていただきたいことがあります。

この教えは、単純なポジティブシンキングのすすめというわけではありません。

先に申しましたように、単にいい思い込みをすることではないのです。

よく、ポジティブな言葉や気持ちを、無理やり自分自身に押しつけている人を見かけますが、それではエネルギーが消耗し、疲れ果ててしまいます。

心はかならずプラスとマイナス、ポジティブとネガティブがあり、それでバランスをとっています。ときに幸せだけれどもときに落ち込んだりするというふうに、上がった分は下がらないとバランスがとれないのです。

そのバランスを上手にとりながら生きていければいいのですが、多くの人はバランスのとり方がわからず、心の状態に翻弄されています。

ですから、心に影響されない人になるためには、一歩前進して心を浄めていかなければなりません。心を超えていかなければ、本当に幸せにはなれないのです。

ヒマラヤ聖者のシッダーマスターが橋になって、揺れないところに連れていくことができるのです。

シッダーマスターに信頼でつながると、秘密の科学の修行法もいただけるのです。秘密のエネルギーをいただきながら、自らも実践していけば、あなたは本当に安らいで、内側から満ちて、豊かに、楽に生きていくことができます。

そして、生きているこの世界を天国にしていけることでしょう。

第2章

内なる小宇宙を
癒すと、
すべてうまくいく

神様のエネルギーが満ちる小宇宙

人間の身体は「小宇宙」といい、そこには宇宙のすべてがあり、自分でも認知していないパワーを秘めています。

そのパワーの源は八百万《やおよろず》の神、つまり、はかり知れないほどたくさん存在する神々です。さらにそれらの源に大いなる神があります。それを梵天《ぼんてん》といいます。

小宇宙には、梵天をはじめとする八百万の神々のエネルギーがあります。神のエネルギーによって生かされ、それぞれから個別の能力をいただいているのです。しかし、心の曇りが厚く覆い、いまだに目醒めてはいないのです。

エネルギーが調和しているときに神につながりやすくなり、願いの祈りを捧げると、潜在意識の深いところからパワーが発揮され、その願いが叶います。

ですが逆に心が欲望にまみれあっちのエゴ、こっちのエゴ、といったようにバラバラに働かせていると、エネルギーの消耗が激しく、疲れてしまい、神の力を引き出せずにひとつのことさえ成し遂げられなくなります。

小宇宙のエネルギーを浄めて深い海のような平和にして、安定したエネルギーにしていくことが大切なのです。

心身を浄化してその素材の資質を純粋にしていき、意識のレベルを進化させましょう。気づきを深めて人格を磨き、究極の意識状態に向かうのです。

これは、ヒマラヤ聖者が発見した神への道であり、私たちが生まれてきた最高で最終の目的です。

ヒマラヤの聖者は、すべてを捨てて山にこもり、修行をしました。

山には、わずらわしいことや、心を悩ますことが存在しません。太陽、月、きれいな空気といった自然しかないところで修行したのです。

ヒマラヤの聖者たちは、本や人づての情報もない時代に、神を信じ、古代のシッダーマスターを信じ、自分の内側に何があるか観察することで、外側に現れた世界の不思議を解明していかれました。自分を深く見つめ気づいていったのです。

心理学であれば、成功した人や病気の人などに顕著に表れている性質を観察し、身体や心の仕組みについて統計をとって分析します。すべての科学は外側から物事の成り立ちを理解するための研究なのです。

しかし、ヒマラヤの聖者たちは、**外側に現れるすべての要素は、自分の内側にもあると気づいた**のです。

外の大きな宇宙は、この肉体の小宇宙にあるということです。

源に還《かえ》る途上ですべてが明らかになり、疑問が解けて、揺るぎない安定した人になっていく。すると、「本当の自分」となり、すべてが解放されて楽になるのです。幸せになるのです。

それを実際に体験していくことが人生の目的であり、そのために人は生きている、ということを、ヒマラヤの聖者は悟ったのです。

長き修行のすえ、ヒマラヤの聖者は心と身体の内側に深く入ることで真理を悟り、「本当の自分」へと到達しました。ヒマラヤの自然のなかで、自分の小宇宙を深く探索したヒマラヤの聖者は、自分のなかの身体を浄め心を浄めてすべてを純粋にして、それらを超えていって「本当の自分」に出会ったのです。

それは死を超えて、根源の存在へ還る旅です。

ヒマラヤ聖者はこの修行で命の秘密の科学を発見しました。それを操ることができる秘法を発見したのです。それは今なお、誰にも公開されていないのです。

現代社会に生きながら、普通の人が小宇宙を浄化することは不可能です。

もし、自分を浄めようと躍起になっても、エゴが働きエネルギーを消耗させていくことになります。自然になろうと、せめて自然なものを食べたりするのですが、それも心のこだわりを強めることになります。

だからこそ、**マスターのもと、瞑想や善行をして心の浄化を行うことが大事**なのです。すると、次第にエゴが落ち、祝福をいただき、小宇宙である身体と心が浄められてスピリチュアルなエネルギーになっていくのです。

そして、人間が本来持っている能力が引き出されていくのです。

否定的なエネルギーに巻き込まれない

生きていくうえで、自らの小宇宙のエネルギーを消耗させている事柄は、大半の場合、人間関係によるトラブルでしょう。

今、世のなかは混迷を極めています。みんなの心があまりにもエゴにかたより過ぎているのです。現代社会は各人のエゴとエゴとがぶつかり合って、まるで戦場のようです。エゴとは心の根底になる自己防衛の意識といえるでしょう。

多くの人にいろいろと憂慮する心が湧き起こってしまい、自分ではなかなか脱出できずに、さらに混乱を極めてしまっています。

だからこそ、真理につながり、真理に向かう生き方を見つめ直すことが大切なのです。小宇宙のなかのエゴに気づき、浄めていきます。

一人ひとりが「愛の人」になり、「平和な人」になるような生き方をしていくのです。そうすれば、その意識が波及して、あらゆる人間関係が改善されていきます。

もし、人間関係において、相手が否定的なエネルギーを出していたなら、それに巻き込まれないようにします。

その方法は、相手に対し不信感を持つのではなく、恐れを持たずに無心か愛の気持ちを抱いて、あるがままに相手を受け入れるようにすることです。

それでも相手のエネルギーに巻き込まれてしまうことがあるかもしれません。そんなときでも、瞑想をしていれば、自分の心をコントロールできるようになっていきます。

愛が大きくなると相手を許すことができて、ジャッジしたり、相手に完全性を求めないようになるからです。自分がどうあるべきか、ということに気づき、生きていくのがとても楽になります。

たとえば、上司や部下、後輩との関係においても、相手が何もしてくれないから、といって不満に思うのではなく、できなくてあたりまえと、とらえられるようになります。あまり過大な期待をしないでいられるので、おおらかに見守れます。

もし、指示したとおりのことが返ってこない、とイライラしてしまうときには、相手を、いうことを聞いてくれない自分の子どもや兄弟姉妹だと思えばよいのです。

このように大きな心を持ち、また、自分自身が変わることで、次第にまわりが変わっていくことを体験していきましょう。

あなたには、生かされているということだけでも幸運なことである、と気づいていただきたいのです。

何かもらってうれしかったり、何かを得て喜んだりする幸せを超えていくことが大切です。そこからさらに進み、自分から「執着のない愛」「無償の愛」を与えていく人になっていってほしいのです。

子育て中の親やその子どもたち、会社の経営者や国の指導者、苦しみを抱えて生きている人、すべての人にお互いに尊敬し合える人になっていただきたいのです。

もう、あらゆる人が変わらなければならない時代なのです。ひとりでも多くの人がエゴを落とし、セルフィッシュでない慈しみ人、智慧ある人になることで、世のなかはどんどんよくなっていきます。

自分が発した波動が、こだまのように返ってくる

人間関係のトラブルは、相手に原因があるのか、あるいは自分に原因があるのかを冷静に見つめていくことが大切です。

自分がある種のこだわった見方をしているために、実は相手も同じ反応を起こしているのかもしれません。

トラブルを抱える人の多くは、過去になんらか誤解を受けて人から裏切られた、というようなトラウマがあるのかもしれません。人を信頼できない、という気持ちを抱

えているのです。

だからといって、相手に不信感を持ち、相手のタイプを見極めて対応を変えるのでは、信頼が返ってこないでしょうし、本人もすごく疲れてしまいます。

人はかならず見えている姿のその奥にいいものがあります。この人はこうだから、と決めつけ、相手をジャッジすることは、とてももったいないことなのです。

自分が思ったことは、こだまのように相手から返ってきます。

悪いものを発したら、相手からも悪いものが共振して返ってくるのです。反対に、自分が好意的であれば、相手も好意的になります。

ですから、トラブルがあっても、相手の立場や生《お》い立《た》ちを考え、神聖なエネルギーの慈愛と理解で、仕方ない、と許したり、むしろ、自分が発したものでそういう結果になったのだ、と自らを見つめ直したりしていきましょう。

このようなことをまず自分から進んで行うことで、自分の心身の状態が肯定的になり、いいものを引きつけるようになっていきます。

相手から何かいい波動を送ってもらいたい、と期待するよりも、あなたのほうから癒しのエネルギーや信頼、尊敬のエネルギーが送れたら、相手からも同じものを引き寄せることでしょう。

因果応報《いんがおうほう》という言葉があるように、思いは連鎖反応的にすべてつながっています。

いい思いを発したらいい結果に、一方、悪い思いを発したら悪い結果にかならずつながっていくわけです。

いい思いを発したら、あとは結果を心配しないことです。結果はかならず自然についてきます。

思いの連鎖を断ち切り、幸せを手に入れた女性

人間関係のトラブルの大半は、思いの連鎖反応によるものです。ですが、心に翻弄されて、目のまえにモヤがかかったような状態になっていると、自分のことしか見ることができなくなります。

次にご紹介するのは、ダルシャンをきっかけに、ご家族、特にご主人との絆をとり戻された方のお話です。

私はもともと、夫には素直に従えない性格で、ケンカが絶えませんでした。

もう離婚しよう、と決意し、働いてお金を貯めて、３年くらいかけて準備していました。そのあいだ、夫とはあまり口も利かず、目を合わせることさえなかったと思います。

そんななか、ある特別なダルシャンでヨグマタジにつながったとき、道に横たわっている自分の姿が見えました。

私は、そこに横たわっている自分は死んでいるということに、直感的に気がつきました。

それはとても哀れな姿でした。

その瞬間、涙があふれ、死ぬまえに夫に謝りたい、という思いでいっぱいになりました。

その日は、夫に心から謝ることができて、これからの人生はあなたに感謝を返すために生きていきたい、と伝えました。

そこから、憑きものが落ちたように変容して、夫のいいところばかりが目につくようになったのです。

ありがたいな、感謝だなと思って生活することができて、私がニコニコしていると自ずと家庭の雰囲気も変わり、みんなが穏やかな気持ちで過ごすことができるようになりました。

特に、子どもたちが、一番変わったのはお父さんだ、というほど、夫が穏やかになりました。

私は子どものころ、母が父に殴られている光景をよく見ていました。だから私には、威圧的な男の人に絶対に屈服しない、というカルマがありました。

そのせいもあり、夫に素直になれなかったのだと気づいたのです。

もし無知のまま生きていたら、私は哀れな姿で道に倒れて、死んでいたことでしょう。

ヨグマタジは、そんな私を高次元まで引き上げてくださり、私が一番できなかった、素直に愛を出すこともできるように変えてくださいました。

今は、本当に楽に、笑顔で幸せに暮らしております。ありがとうございました。

（群馬県　50代　女性）

「今にいる」という生き方

人間関係においては、無心になり、「今にいる」ことが大切です。

たとえば、相手とのあいだで過去に起こったトラブルを思い出すと、怒りが湧いてきたり、この人とはもう一緒にいたくない、と思ったりすることがあります。

そんなときは、まったく新しい人に出会っているような無心な状態で、相手を信頼するのです。すると思いが変わって楽になってくるのです。

最初にあなたのほうから相手への思いやりの気持ちを送ると、相手からもいいものが返ってきます。

あるデパートにお勤めの課長さんとお話ししたときのことです。

その方が、「お客様は神様ですから、いつも、ありがとうございます、という感謝の気持ちで接しています」とおっしゃっていました。

お客様にもいろんな方がいるはずです。たとえば、「めんどうくさい要求ばかりするお客だなあ」とか、「このお客さん、何かきつそうな人だなあ」と、自分の思いで相手をジャッジして接すると、それが伝わってしまいます。

すると、相手はそれを無意識に受けとり、同じ波動を返してきます。ですから、いい波動など返ってきません。

刺激を受けると、私たちの内側には思いが発生します。その思いは、やがてすべて形となって外に現れていきます。

つまり、**現象を引き寄せているのは、自分の思いなのです。あなたの人生は、あなたの思いがつくり出している、**ということなのです。

心は、同じ性質のもの同士が引き寄せ合い、リアクションし合うのです。そして、そこにつくり出される現象は、引き寄せたものの質であり、それは自分の思いの質そのものである、ということなのです。

自分のなかによい思いを持っていれば、よいものが引き寄せられ、よい現象が引き起こされます。

ですから、自分がどういう思いを持っているのか、自覚する必要があります。

一般的に多くの人は、自己防衛を行い、常に守りの気持ちを抱くので、大抵否定的なことを考えています。他人と比較したり、イエスかノーか、好きか嫌いかということで判断したりしています。

相手を否定したり、攻撃することで自分を守ったり、逆に自己を否定し、現実から逃げてしまうのです。

誰に接するときにも、相手に対して尊敬の念を持ちましょう。そうすると、必然的にいい人間関係が生まれていくのではないでしょうか。当然ですが、相手にも生きる権利があります。お互いに尊敬するのです。

感謝の思いを持って、心に引きずられない無心の状態、つまり「今にいる」ということのすばらしさを実感してください。

そうして、自分の新しい生き方、新しい癖を身につけるのです。

「今にいる」という生き方ができたら、あなたはまわりのことにわずらわされずに、物事を正しく見極め、平和な気持ちで豊かに生きていくことができるのです。

小宇宙を癒すと、願いは何でも叶えられる

私はあなたに、内側を活性化させて心身をどんどん浄化し、よい波動が出るような進化した人になっていただきたいと願っています。

本来、魂はいくつもの生まれ変わりを経験しながら、はかり知れない時間をかけて、少しずつ進化を遂げていきます。普通に生きていては、内側を変えることはできないのです。

しかし、**シッダーマスターとのつながりを持つことで、内側が活性化して、スピリチュアルな人に生まれ変わることができる**のです。

ディクシャというマスターの悟りのエネルギーをいただく出会いによって、一瞬にして深い静寂に包まれ、「根源の存在」とつながります。

そうして信頼することで、純粋なエネルギーを受けとり続け、すみやかな浄めと変容が起き、またマスターの祝福で一生守られ、楽に生きていけるのです。

そのような出会いからの新しい生き方をすると、病気も死ぬことさえも怖くなくな

ります。いろいろな災害が起きても、いつも守られていくわけです。

さらに、根源の存在とつながると、願いは何でも叶えられます。「サンカルパ」という純粋意識のレベルからの願いは、かならず叶えられるのです。これは、ヒマラヤ秘教の実践で得られる力です。

もしかすると、願いが叶っていく過程で、お金を手にすることもあるかもしれません。ですが、それは生きる目的ではありません。お金そのものは「本当の自分」には関係のないことだからです。

たとえお金持ちになったとしても、それをたくさん持ってあの世に逝くことはできません。持て余すくらいなら、人が真に成長できるような場を見つけ、他者に捧げていけばいいのです。

あなたは、この世界で、この心と身体を最大限に生かすとよいでしょう。

ヒマラヤ秘教の恩恵によって、あなたは時間とお金を無駄にしないで、なりたい人になってください。

今すでに、「本当の自分」が喜ぶことに携われているなら、それをさらに極めていくことで、トップクラスの人になれます。

天命に生きている人のことは、ヒマラヤ秘教の教えが応援してくれるからです。ストレスなく、その仕事を軽やかにできるようになるのです。

心身を浄めて得られる完全なる自由とは

神様からいただいた、この心と身体はすごく豊かです。本来は、この心身の未知なる豊かさである潜在意識と、そこから現れるものを浄めていくことで、より高尚な豊かさを手に入れることができるはずです。

ですが、人はそのことに気づかず、外側にばかり豊かさや幸せを探してしまいます。深い内側の姿、もともとの姿を知らないで、不足ばかりに思いを馳《は》せ、欲望を働かせていきます。

そして、手に入れたいろいろなものに執着し、混乱すると怒りや悲しみ、おごりなどのゴミを蓄えていき、心身は疲れ衰えていってしまうのです。

誰もが自分の心身の本来の姿が見えていません。深い自分のなかにこそ宝の蔵《くら》があるというのに、そうした見えないところまで思いを馳せることができません。その肝心なことに気づくことができないのです。


そんな生き方ばかりしていると、身体は「病気」という形でサインを送ってきます。

普段、小宇宙は、自然にバランスをとるように働いてくれていて、そのおかげで私たちは健康でいられるのです。

それに気づかず、多くの人が健康であることがあたりまえだと思っています。そして病気になってはじめて健康のありがたみを知るのです。


健康を害したり、ストレスで心が病んだりすると、何とかしたいと思います。

心身を休めたり、疲れた心身を癒やしたいと、いろいろないい療法を探して刺激を与えたりしていきます。

ですが、人間の心身に本当に必要なのは単なる健康法ではなく、あなたのなかの完全なる豊かさを見つける旅なのです。

心身を浄めて、そこに完全なる静寂と平和を得るということは、完全なる自由を得ることです。

それが、本当に幸福になるということなのです。そしてまた、それこそが悟りなのです。

心がなんらかの緊張を感じていたり、身体が病んでいたりすると、そこにエネルギーが引っぱられ、完全な平和は訪れません。

だから、私たちは内側で何が起きているのかに気づく必要があります。

本来、心身が純粋であれば、平和で、愛に満ちて、幸せであるはずなのです。しかし、無意識のうちに内側が混乱します。

それでも、あれこれ病んで、不平不満をいっている私たちでさえ生きていくことができるのは、内なる力と智慧、つまり神の正しい機能があるからです。

そういった神の意思を知り、心身を浄めて純粋になり、本来の豊かさをとり戻しましょう。

さらに進化して、より美しく生きるために真理を知り、真の幸せを得ていきましょう。

身体に流れる進化のプロセス

今から５０００年以上も昔から、ヒマラヤの聖者は真理を求めてきました。世界を創造した神を知りたいと真理を求めてきたのです。

この心と身体はどうなっているのか。
小宇宙はどうなっているのか。
そして、大宇宙はどうなっているのか。
この壮大な宇宙のなかでの人の役割は何なのか。
人は何のために生まれてきたのか。

これらのことを知るために、この小宇宙をすべて浄め探究して、サマディという究極の意識状態になる修行をしたのです。

この宇宙にはさまざまなものが創造され、展開されていきます。それは変化していき、やがて寿命が尽きて消えていくものです。

すべての創造物は進化していて、人間も同様に進化してきました。何生も生まれ変わり、いろいろな命を体験し、人間になってからもはかり知れない進化の旅をしてきたのです。

修行をして、自分自身の小宇宙をつぶさに浄化し、気づきを得ていくと、宇宙が創造した進化のプロセスを体験することができます。

懐疑的な人は見える世界しか信じていませんが、生きているということは、当然、形になるまえの見えないエネルギーの存在があるのです。

心身の浄化により、そんなエネルギーの長きにわたる進化の様子も感じることができるようになります。

考えるエネルギー、見るエネルギー、話すエネルギー、歩くエネルギー、細胞が増殖していくエネルギー。こういったエネルギーが心身のなかで働いている、ということに気づくことができます。

さらにその奥に、それらを生かしている見えない存在である神を感じることができるようになります。神が生かしてくださっていることを信じる、そのことから修行ははじまるのです。

私自身も宇宙をつくり出した根源の存在、神に出会うために修行をしました。

それは人のいうことを聞いて教わるのではなく、修行を通じ、実際に体験してそれを悟っていったのです。

私はずっとそのサマディからの智慧を、みなさんへシェアしてきました。

私がきびしい修行をして知った真理を、現代の言葉でやさしくひも解き、どう生きたらよいのかをガイドしていくことが、私からの愛のプレゼントなのです。

エネルギーの目醒めで力が抜けていく

心には好き嫌いがあり、大抵は好きなほうを選択しています。それは、心をかたよらせて使っているということにほかなりません。

かたよったところ、執着したところには、エネルギーが集まっていきます。

エネルギーが集まるところは力が入っていて、そうでないどこかの力を抜くことでバランスをとっています。それは心の癖となり、あたりまえになっているはずです。

多くの人が、そういった心のかたより、身体のかたよりで一時的なバランスをとっていますが、安定は長くは続きません。（心身はもともと不安定なものだからです。自分の力で無理にバランスをとって深い安定を目指していても、そうなることはできません。

自分が心や思いと常に同化しているので、客観的に見ることができず、がんばっていること、一生懸命なこと、力が入っていることにさえ、気づけません。

ですが、力が抜けたとき、瞑想をはじめるとわかってきます。

力を抜くキーワードは、「目醒め」です。

心がこだわりを持ち、融通がきかずに、慢性的に力が入った状態は、静寂と平和が満ちて、波のない海のように動かないのとは、まるで別物です。

固まって鈍くなり、動かない箇所に存在するもの、それはカルマです（カルマについては、３章にてくわしくお伝えいたします）。

重要なのは、固まって動かなくなった状態を、瞑想と気づきで浄化してエネルギーを目醒めさせ、活性化させることです。それは、カルマや汚れを排除して、純粋に軽やかで静かな、力強く平和な状態にしていくことです。

すると、そこに本当のリラックス、やわらかさが出現するのです。

瞑想と気づきで本当に力を抜くことができると、リラックスするとともに、生命力が満ちている状態になります。

心の緊張をとり、身体の浄化をして、本来の平和になることが大切です。リラックスすることを学び、調和をはかって本来の姿に戻りましょう。

心身の正しいメンテナンス

耐用年数が30年といった建築物でも、それを長持ちさせるには、メンテナンスが必要です。

身体も、もう古くなったからいらない、というわけにはいかず、同じくメンテナンスが必要なのです。

自分の心や身体とは、一生つき合っていかなければなりません。ですが、特段不調がないと、日常的にメンテナンスがあとまわしになり、きちんと向き合えていない人が多いようです。

慢性的な不調を抱えた人でさえも、多くの場合、お医者さんに診ていただいて、ちょっと薬を飲むくらいですませてしまっています。

さいわい、心のあり方次第で、あそこが痛い、ここが痛い、といいながらも、快適ではないものも受け入れられることもあります。しかし、それを放置するのではなく、自分を大切にしなければなりません。

ヒマラヤ秘教の教えというのは、正しく心身を愛し整えて完全な人になる教え、つまりスーパーマンになる秘法です。

人は年老いていくのですが、生命力をみなぎらせ、意識を進化させて若返り、神の智慧で生まれ変われる教えがヒマラヤ秘教です。

人は、疲れ果てたら生命エネルギーがなくなります。倒れるほど力が抜けたら、もう機能がストップして動くことができません。

そんな状態を「虚症」と呼びます。力が抜け切っているのです。うつ状態です。

一方、虚症と真逆の状態を「実症」と呼びます。実症は力があり余っていてバランスがとれず、エネルギーが内側にこもってしまい、その重くにごったエネルギーが渦を巻いて滞っている状態のことです。

そこには力はあるのですが、浄められた、軽い透明な力ではありません。その抑圧されたエネルギーを浄めていき、リラックスすることが大切です。純粋にしていかないと軽くなりません。

瞑想で心身を浄め、純粋にして、自らの内側から生命エネルギーが満ちるようにします。

枝葉の問題に消耗することなく、力強く、静かになって、海のようになります。そこには深い平和があり、心が安らいでいくのです。そうならなければ、占いなどに頼り、なんらかの安心を求める人生になってしまいます。

本来、ヒマラヤ秘教の教えというものは門外不出なのです。古来、一般の人ではなく、王族や司祭といった人のみに伝えられていました。本当にカルマのいい人にしか教えないものでした。

ですが、限られた人に、ではなく、シッダーマスターはすべての人にサマディの恩寵を届けるためにいます。心身のメンテナンスも一緒にやっていきましょう。

自らトラブルを呼び込んでしまう心身の矛盾

通常、人は本能的にすべての刺激から自らを守ろうとする傾向にあります。外部の刺激から危害を受けないよう、無意識に構え、おびえて防衛的になっていきます。すると、自動的に「不安」や「心配」が起きるのです。

そういった緊張が続くと、心身に「毒」が発生しはじめます。今度はその毒を排除しようとして、「怒り」の反応で対応しようとします。怒りの力によって毒を攻撃し、隅に押しやり、除こうとしていくのです。

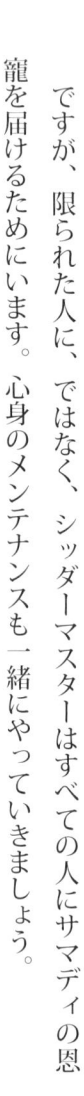

そうしたことばかりがくり返されていくと、やがて刺激から身を守るための回路を発達させてしまい、どんな環境でも幸せになれなくなっていきます。

たとえば、せっかく仲よくしていたのに、小さなことでイライラしたり、相手の悪いところばかりが気になってきたり、いつか相手から攻撃を受けるのでは、という不安から、先に攻撃に出てしまったりする。そんな人がたくさんいます。

そういう人は大抵、どこに行っても無意識に気づきのないまま同じような人間関係をくり返します。同じような相手と、同じようなトラブルを起こすのです。

悲しいことにトラブルが絶えない人生になってしまいます。自らを刺激から守るための行為により、人生を刺激だらけにして傷つくのです。

これが心身の意識下で起こる矛盾のメカニズムです。多くの人は無意識です。

悪いことをすべて相手のせいにすると、自分は傷つかずにすむので楽でしょう。「みんな向こうが悪い。だから私は苦しいんだ」「そういう攻撃してくるものがなければ、私は楽なんだ」と思います。自分が一番なのです。

ところが、環境を変えて新しいところに行ったとしても、自分のなかに相手のせいにする傾向の心があると、小さなことを気にかけ、また苦しむようになるわけです。

どのように環境を変えたとしても、次々に心配の種が出てきます。

ですから、**苦しみは外からやってくるものだけが原因ではなく、自分の心がつくり**

出しているものであるという事実に、気づいていく必要があるのです。

苦しみから逃れるために環境を変えても、自分の性質が変わらない以上、そういった思いは決してなくならないわけです。

自分に降りかかる災難を、すべて悪として受けとるのではなく、それは学びであり、自分に何かを知らせてくれている、と知ることが大切なのです。

不運な出来事にこそ感謝する

人生はいいときばかりではなく、「なんでこんなことが……」「なぜ自分だけが……」と頭を抱えたくなる出来事が、ふいに起こることがあります。

それがその人のカルマです。それは現象化して、浄化される姿であり、そのときこそ感謝で受け止めて反省し、それを学びとするのです。それを高次元の視点でとらえると、すべては大いなる宇宙の愛の現れなのです。

「ケガをする」「職場を解雇される」「人から一方的に誹謗中傷《ひぼうちゅうしょう》を受ける」「受験に失敗する」など、自分にとってマイナスで不運に思える出来事も、決して否定的にとらえないことが大切です。別の局面で、かならずプラスになることがあるはずだからです。

たとえば、ケガをしたのなら、身体からの「休みなさい」という警告だな、と受け止めてみてください。身体の声を無視してそのままでいると、やがて大きな病気を発症してしまうかもしれません。

ケガや病気は、心と身体と魂のバランスが崩れたことの現れでもあります。

この機会に、積極的に心身を浄化すると、重い状態にならずに短期間のうちに本来の状態をとり戻すことができるでしょう。


不運なことも何かのサインなのだ、と受け止めることが気づきであり、それには、心の柔軟性と謙虚さが必要なのです。


ですから、大変な出来事にあったときこそ、学びの機会をいただいた、と感謝しましょう。

「悪いときこそ感謝！」という姿勢が、真の成長をもたらし、魂を進化させます。

心と身体と魂の３つのバランスが整うと、あらゆる機能が正しく働くようになります。信仰心がもっとも効果的です。神の力を使うのですから。

しかし、苦しみの渦中《かちゅう》にあるときは、自分自身を客観視することはむずかしいものです。もがけばもがくほど、ネガティブな思考にはまってしまい、ますます落ち込んでしまうかもしれません。しかし、そのようなときこそ、自分を変えるチャンスなのです。**心身の内側の神秘を目醒めさせることを意識しましょう。**

すべての人の内側奥深くに、至高なる存在がいます。

そこにコンタクトすることで、内なる神のような恵みとのつながりをとり戻すことができ、愛のエネルギーが内側を循環します。

何事も感謝しながら、集中してとり組むことが大事です。愛を込めた日々の行為の積み重ねが、心の安定感と真の幸福感をもたらします。何があっても揺るがない平和な心は、「本当の自分」への信頼からやってきます。

否定的なことに気づいたらそれは学びをいただいたのです。そして、ヒマラヤ秘教の実践によって、積極的に心身と魂のバランスをとっていきましょう。

ヒマラヤの恩恵をいただき、真理に向かう

ヒマラヤの恩恵というのは、その修行をとおして、自分のなかにいったい何があるのかという、深い真理を知っていくことができるものです。

祝福であるブレッシングにより、聖者から聖なる波動があなたに届きます。

あなたの魂を揺さぶり、カルマを浄めていくのです。そして、あなたは自由な人になっていくことができるのです。

心身を浄化し、バランスをとり、同時にアヌグラハというサマディからの恩寵で、病気さえも消えてしまいます。それは信仰することで得られるのです。

そして、サマディの恩寵の真理のレベルから智慧が湧き、心は苦しみから解放され、深い平和を体験するのです。

言葉では説明がつかなくても、あらゆることが治ってしまうのです。サマディパワーによって変わっていくのです。

それは、神と一体となったシッダーマスターが、あなたと神とのあいだでかけ橋と

なり、あなたのなかにそのパワーが伝わって治るのです。つまり、深いところから調和がとれ、心や身体の矛盾が癒されるのです。

人は、過去生からのしがらみに翻弄されて、生きています。

自分では自覚がないかもしれませんが、生きていく道筋に待ち構えている、そういう魔の手があなたをキャッチし、操っていくわけです。

身体のパワーや心のパワーに執着したりしていると、一時的になんらかの成功を得るかもしれません。

しかし、それを得たら、また退屈したり、虚しくなったりして、真理に出会うまではそういうことをくり返してしまうわけです。

自分はいったい誰であるのかという、自分の心を知り、身体を知って、それを超えていく、真理に出会う旅をしていただきたいと思うのです。

本書を手にとったあなたは、シッダーマスターの深いところからすべてを変えるエネルギーの祝福が届いています。

あなたは、エゴを捨て、愛の人になる準備がもうできているのです。そのことを信じて、ともに歩みましょう。

第3章

カルマに気づき、癒していく

なぜ、純粋になる修行が大切なのか

宇宙のすべてのものは、大自然の神秘のパワーから生まれ、常にいろいろなバランスをとりながら成長し生き続けています。

それは人も同様で、生まれてから常に新しいものをつくり変化をし、成長しながら生きています。

ですが、ある一定期間生きると、身体は老化し、やがてその役割を終えると、私たちは古くなった身体をまるで衣服を脱ぐようにこの世界に置いて、心の家のアストラル体《たい》というエネルギー体に魂を抱えて旅立っていくのです。

人はそれを「死」として理解していますが、死は終わりではありません。

この本のなかでも「カルマ」という言葉が何度か出てきましたね。

カルマとは、行動、思考、言葉など、その人のあらゆる行為のことです。「業《ごう》」と訳されます。カルマは、人の行為の結果が潜在意識に記憶され蓄積されていく、ストレスのようなものと考えればわかりやすいかもしれません。

行動や思考、言葉などは、すべて記憶となって、宇宙空間と心身に刻まれていきます。その記憶のことを「サンスカーラ」と呼びます。サンスカーラは過去生からずっと続いていて、消したり変えたりできるものではありません。

では、そんなサンスカーラは、未来に対しどのような影響を及ぼすのでしょうか。


私たちの魂は「コザール体」という純粋な体《からだ》と、そのコザール体のまわりをとりかこむように存在する心の記憶の家である「アストラル体」という2つのエネルギー体に包まれています。身体はその外側を覆って存在するのです。

このうち、サンスカーラが刻まれるのは、アストラル体になります。私たちは、死んで肉体から離れても、アストラル体にあるサンスカーラを捨てていくことはできず、そのまま背負って生まれ変わらなくてはなりません。

魂が生まれ変わるときには、背負ったサンスカーラの質に見合ったところへ導かれていくのです。生まれる国や時代、どの両親のもとに誕生するかも、すべてサンスカーラにより決定されていきます。

ですから、もし苦しい記憶があると、あなたの魂がいずれ身体から旅立ったあとに、その記憶の質の世界に行き、そうした体をつくり責め苦を得ます。そして、ふたたび新しい身体を得るときも、今生と同じか、さらに苦しい世界へと導かれてしまうのです。

私は、あなたが今の人生を幸せに生きるとともに、生まれ変わるときには今の人生よりもっと進化し、もっと幸せになっていただきたい、と願っています。そのためには、アヌグラハの愛で今と過去のカルマを浄める必要があります。

だからこそ、あなたに愛を感じていただき、今生において、カルマを浄める修行であり、アヌグラハが受けられるヒマラヤシッダーマスターによる瞑想を知っていただきたいのです。

カルマを浄めるアヌグラハ

カルマとは体験の記憶が蓄積されたもので、すべての人が抱えています。それを浄化しないままでいると、どんなことが起こるのでしょうか。

カルマは私たちが知らないうちに自分を守るために身につけていった、見えない鎧《よろい》のようなものです。それは大変だったことの記憶や、そのときに生じたもろもろのエネルギーです。それが、生きていくうえで出会う類似のエネルギーと干渉し、活性化し、さらに増加していきます。いいこともこだわりのエゴとなるのです。

そして、増加した記憶は潜伏期間を経て、ときがくると現象化されるのです。

そんなカルマの影響により、まるで、自分の心が磁石のようになって、悪いことを外から引き寄せてしまうかのごとく、次々に波乱が起こります。

アストラル体に染みついた、サンスカーラのメッセージは、人の運命に影響を与え続けます。今現れている現象は、すべて自分の心の現れ、カルマの現れです。

カルマを超えようとしても、その力は強いので、わかっちゃいるけどやめられない、という具合で、同じ思いのパターンがいつもくり返されてしまいます。

多くの人が、カルマによりくり返されるその思いに襲われ、翻弄され、超えることができないのです。悪いカルマであると、病気になったり、苦悩したりするのです。

くり返されるカルマを解消するためには、カルマを浄化する必要があります。

カルマを癒すことができるのは、アヌグラハの光です。アヌグラハの光がカルマを浄め、執着となり、キャラクターになった暗闇《くらやみ》を消してくれるのです。

光の人になったら、それに守られ、悪いものは寄ってこないわけです。

第1章で述べましたが、アヌグラハは、悟りのマスターにつながることでいただける神の恩寵のことです。

別の言葉を使い科学的にいえば、原子核のエネルギーであり、目に見えないすべてを創造する根源の力、あるいは自然のパワーのことです。

アヌグラハは、心を超えた根源から浄めて、身体のバランスをとり、心を浄化し、人を変容させるのです。

その神聖な波動の恩寵により、カルマを浄めて、悪い因縁《いんねん》を切ることができます。

すると変容が起きて、運命を変えられるのです。

最高の生き方と、悔いのない最期

多くの人が、自分の行為に無自覚です。そして、無意識に自己防衛で自他を傷つけているのです。それは自ずとカルマとなり、あなたの未来に影響を及ぼします。

自分が生きてきた証《あかし》こそ、カルマなのです。

カルマは、現象に対して自動反応をくり返した、あなたそのものの記憶だからです。

カルマに翻弄されず、魂をより成長させるために、意識を目醒めさせて真理を知っていくこと、それが生まれてきた本当の目的です。心身のカルマを浄めていくことが大切です。

そして、自分の奥深くにある「本当の自分」を知っていくのです。人は一生「本当の自分」を知らず苦しみのなかで生き、苦しんでいることもわからないのです。まるで暗闇を歩いているのと同じなのです。

魂はアストラルの心の記憶や行動の結果の曇りに覆われています。自分を心身と同一視して心と身体に執着し、そこから離れられずに苦しみます。また心のカルマを背負ったまま死んだときにその世界に導かれていくのです。

ですが、生前に悟りのエネルギーにつながりカルマを浄化し、真理に気づくことができると、死ぬときは身体からスーッと抜け出ることができるのです。

死ぬときは、すべてを手放さなければなりません。今まで集めたものやお金、家族、友人、知人たちともお別れしなければなりません。

悔いのない死を迎えることは、目醒めた生き方をすることです。執着することなく、生前に捧げる生き方をすることが大切です。神と「本当の自分」を信じていいカルマを積み、瞑想をして、心身を正しく使っていくことが大切です。

この人生でできることは、シッダーマスターの祝福によりカルマを浄化して、さらに高次元の存在とつながり、根源の光との絆をつくることです。

その絆は、たとえ死が突然訪れても意識を進化させ、あなたを天国へと向かわせます。死を迎えるときは、善悪は関係なくそれまでの生き方のすべてがオープンになってしまいます。つまり、それまでの生き方が問われるのが、死の瞬間ともいえるでしょう。

死はいつも、生と隣り合わせです。先延ばしにせず、今、死についても考えてみましょう。悔いのない最期の瞬間を迎えるために、魂を浄化して、悟りに向かう生き方を考えるのです。

シッダーマスターによるカルマの浄化

人は日々、縁を結んで、自分の人生をつくり上げています。

因縁という言葉がありますが、縁こそカルマです。

まわりの人とどのような縁を結んできたかで人生が変わるのですから、今ある縁のなかで生きる「あなた」は、あなた自身がつくった作品である、ともいえます。

その作品をダイヤモンドのように輝かせていくためには、新しい生き方が必要です。

日々、あなたの内側を見つめ、覚醒していくのです。

自己の目から心を見つめ、あなたが持っている深い愛に気づき、心を手放し調和と平和をつくり出していくのです。

調和と平和により純粋な愛を使って自らの力でまわりとの関係を良縁へと変えていくことが、やがて「本当の自分」に出会っていく内側の目醒めをもたらし、心身の最高の使い方となるのです。

神様からいただいたこの心と身体を、欲望を満足させ、経済的に豊かになるための道具として使っていてはもったいないのです。それは物と心の体験の豊かさですが、ストレスをため、カルマを積み、やがて苦しみを生み出す生き方なのです。

人は心と身体があってはじめて修行をして意識を進化させることができます。そのために死ぬまで自分を純粋に磨いていく必要があるのです。

その成長の旅を一緒に歩めるのがヒマラヤ聖者です。シッダーマスターは、高次元のエネルギーを伝授するディクシャで、その人が真摯に望めば、過去生からのカルマを浄める聖なる波動を伝えていくことができます。

ヒマラヤ聖者のディクシャは、それを受けると、高次元のエネルギーによって生きながらにして心と身体の苦しみから解放され、自由で美しく生きられるようになります。「本当の自分」は誰であるのか、それを体験していく準備が整うのです。本当の自分への扉が開かれ、マスターの波動と一体になり、完全なる自由を体験します。

深い瞑想に導かれ、かりそめに源とワンネスになる真理の体験をするのです。その記憶を忘れないでさらに進化し続けていきます。それこそがかけがえのない尊い生き方ではないでしょうか。

シッダーマスターの橋わたしにより、心身を浄化して、「本当の自分」を覚醒させたあなたは、世界を平和にすることができる、すばらしい存在になれるでしょう。

自己の変容を促すヒマラヤシッダー・ディクシャ

ここで、ディクシャについて、くわしくお伝えしていきます。

先ほどお伝えしたように、ディクシャとは「伝授」という意味の儀式のことです。

ヒマラヤのシッダーマスターは、高次元のエネルギー伝授の特別な儀式をとおして、あなたを根源の存在につなげます。あなたを浄め、守るための神聖な音の波動を伝授します。それは、深いところを浄め目醒めさせる波動、悟りに向かう波動です。

ディクシャには次のようなさまざまなものが存在し、順次、伝授していきます。

・「マントラ」という瞑想の秘法を授かるシッダー・ディクシャ

・各種修行の秘法を授かるディクシャ
・病気を平癒させる「ヒーリング・ディクシャ」
・過去生を浄める「サンスカーラディクシャ」
・悟るための「サマディディクシャ」
・聖なる波動で浄める「アヌグラハディクシャ」　など

ディクシャはマスターから直接に伝授され、身体の各所のエネルギーセンターを高次元のエネルギーで浄め、カルマを浄めます。段階に応じて、深く浄められていきます。ディクシャにより内側が目醒め、浄められた人の運命が改善するのです。

シッダーマスターから伝授されるディクシャは特別なものです。現在私ヨグマタのみが行う尊いものです。インドだけでなく世界でもいないのです。

本来、究極のサマディを成したマスターから直接的にパワーをいただけることはありえないのです。

ディクシャは、ヒマラヤ秘教による変容の修行をはじめていく、という許可になる儀式です。門外不出である儀式を受けて浄められ、はじめて瞑想や祈りの修行をスタートさせることができます。

シッダー・ディクシャという儀式は、シッダーマスターからの神の恩寵であるエネルギーと、サマディパワーの伝授です。それをとおして、拝受者の内側を目醒めさせ才能を開花させます。あわせて過去生のカルマと今生のカルマを浄めます。

シッダーマスターからの高次元のエネルギーを伝授する「シャクティパット」というタッチで、アヌグラハ、つまりは神につながる祝福をいただけるのです。

多くの方が、シッダー・ディクシャで変容のエネルギーをいただき、変性意識に導かれ、生まれ変わるのです。

段階に応じて、上級のディクシャでシャクティパットをくり返しいただくことで、その目醒めと浄化は確かなものになります。あわせて、ほかの働きのエネルギーのセンターを浄める聖なる音の波動の秘法をいただくのです。

運命を好転させていく聖なる音の波動

ディクシャでは、シャクティパットと同時に、聖なる音の波動による修行のための「マントラ」も授かります。それは、シッダーマスターからいただける瞑想のなかの「サマディ瞑想」といわれるものです。

シッダーマスターが発見した聖なる音の波動を内側に広げていくことで、心と身体が浄まっていきます。根源には深い静寂と愛があり、そこからいいものが出てくると同時に、意識も覚醒するのです。このマントラは由緒正しいものが必要なのです。

日々、いただいたマントラを唱えることで、災《わざわ》いから守られ、否定的な心の働きを浄化して手放すことができます。潜在意識に蓄積されたストレスが少しずつ解消されて、運命を好転させていくことができるようになるのです。

サマディ瞑想の音の波動にはいろいろな種類があります。それぞれのチャクラおよび才能のエネルギーのセンターを浄めます。

・災いをとり、浄める聖なる音の波動
・霊を浄める聖なる音の波動
・智慧が湧き起こる聖なる音の波動
・富が豊かになる聖なる音の波動
・生命エネルギーを強める聖なる音の波動
・悟りを得る聖なる音の波動

段階を追って目的のためのマントラを拝受してからの瞑想で、願望が成就していくのです。

しかし、注意しなければならないこともあります。

聖なる音の波動にはものすごいパワーがあります。それはときに部屋の窓ガラスを割ってしまうほどなのです。

ですから、サマディ瞑想はシッダーマスターの正しいガイドで伝えられる必要があります。自己流やマスターにつながらない修行は危険なこともありますので、気をつけましょう。

過去のしがらみから自由になる

ディクシャによりカルマが浄められると、過去のしがらみから解き放たれて、真の自由を得ることができます。

お伝えしてきたように、誰もが過去生からのカルマを持っていて、それが宿命や運命に影響を及ぼしています。ですから、運命をよくするには、この過去生からのカルマ（サンスカーラ）を変えることが必要です。

サンスカーラは本来浄めることができないものです。修行しても、とても時間のかかることです。

ですが、シッダーマスターによる、過去生からのカルマを浄める特別なディクシャが存在します。それが「サンスカーラディクシャ」です。

サンスカーラディクシャは、あなたを過去から自由にするものです。

シッダーマスターから特別なパワーをいただくことで、変容して生まれ変わることができるディクシャです。

サンスカーラディクシャで、源の存在に素直に頭《こうべ》をたれて、感謝し、エゴをちょっと休めます。

そして、「本当の自分」に「サレンダー」します。サレンダーとは、そこに溶け込む、ということです。

「本当の自分」の存在を完全に信頼し、ゆだね、すべてを明けわたすのです。疑ったり、自己主張ばかりしたりしていると、サレンダーすることはできません。

サレンダーして捧げ、感謝することのみであなたが生まれ変わるのです。それがサンスカーラディクシャです。

サンスカーラディクシャでいただけるのは、神の恩寵からの癒しであり、自分では気づくことができなかった過去生からの記憶さえ浄められます。

何生ものはかり知れない過去生を浄めることで、生きるのが何倍も、何百倍も楽になっていくでしょう。

変容を起こした奇跡の報告

ディクシャを受けた方からの、奇跡のご報告は星の数ほどになります。

・心が楽になった
・願いが叶った
・いい仕事が見つかった
・いじめられなくなった
・家が災害から免れた
・試験に受かった
・結婚できた
・昇進した
・人間関係がよくなった
・病気が治った

など

本当にたくさんの方が、人生を好転させているのです。シッダーマスターを信頼することで、どんどん奇跡が起きています。

ところが、奇跡はかならずしも目に見えるものではありません。ディクシャをいただいて瞑想をはじめても、神秘体験がないことで、自分は向いていないのかな、とあせる人もいます。

しかし、本人に自覚がないだけで、深いところで変容して確実によくなっています。新しい生き方の修行です。生涯、源という本質につながり修行を重ねていくことで、見えないところや、いろいろな局面であなたは助けられていきます。それは天国へのパスポートなのでじっくりとり組むことが大切です。

今までの何億年分ものカルマを浄めるのですから、１年、３年、10年と聖なる波動の修行を続けなければいけないのは、至極当然なことなのです。

ヒマラヤ秘教の「アヌグラハ・サマディプログラム」で、もっと信頼を持って、本気の修行をすれば大丈夫です。

これからの世界は、人を助けていく、みんながお互いに尊敬して、助け合っていくような世界でなければいけません。自分の利益ばかり考えるのではなく、人を幸せにしていくのです。

それが、執着をつくらない正しいカルマを積んでいくことにつながります。

そのような生き方をまっとうすると、暗闇から光に導かれ、天国に行くことができるのです。

ディクシャで内側を目醒めさせ、気づきを深めましょう。正しいガイドを受けて魂を浄化し、いいカルマを積む生き方ができることは、とても幸運なことなのですから。

聖なる目醒めへの第一歩を踏み出した男性

ここでご紹介する方は、高度な技術と経験によりたくさんの人を助けているにもかかわらず、自らは執着とカルマによってとても苦しまれていらっしゃいました。

拙著をきっかけにシッダーマスターの存在を知り、ディクシャで聖なる目醒めを体験されたのです。

その後も、魂を成長させ続けていらっしゃいます。

大学3年の長女が就活に真剣にとり組まないことに不満があり、顔を合わせるたびに険悪な雰囲気になっていました。ついには10月に怒鳴り合いの大ゲンカをしてしまいました。

その翌日、妻が古い知人と会う約束があり、私と長女のケンカの話をしたところ、その方がヨグマタジのご本をくださったのです。私もなんとなく興味を持って読んでみると、なぜだかわかりませんが、この人に会ってみたい、会わないといけないという気持ちになりました。将来に対する漠然とした不安があり、この方なら解決していただけそうな気がしました。

ダルシャンに参加させていただき、この方は本物だと感じたため、すぐにディクシャを受けました。

今にして思えば、ご本を読みはじめてから、長女とあまりいがみ合うことがなくなった気がします。自分ではまったく自覚がないのですが、妻は、はじめてダルシャンに参加したあたりから、私がかなり変わったといっています。

長女はいまだに（6月現在）内定をいただけていませんが、以前ほどそういったことが気にならなくなりました。

私は、もともと価値観の違う人に対して否定的に見てしまう傾向がありました。それを「ジャッジする」というのですが、自分がものすごいジャッジマンであると気づきました。それだけでも大きな変化だと感じています。

また、過去の挫折を消化しきれていないことや、願望だと思っていたことが実は執着だったという気づきなどをいただいています。

日常生活や仕事でピンチなことがあると、お守りのマントラを唱えてかなり救っていただいています。

2ヶ月ほどまえにも、ささいなトラブルで仕事のクライアントを失いそうになったことがありました。そこで、そのクライアントと話すまえにはかならずマントラを唱えるようにしていました。結果的にそのクライアントをつなぎとめることができました。ヨグマタジにお導きいただき、いい話し合いができたと思います。

一番ありがたいのは、何があっても大丈夫だと思えるようになってきたことです。

今は、安心立命という、私が求めていた境地に近づいているのを実感しています。

（東京都　40代　男性）

自己流の瞑想に潜む落とし穴

身体のなかにはおびただしい数のいろいろなエネルギーがあります。サマディによりそれを全部熟知していないと、どこかを活性化するということは危ないことであり、自己流に行ったら大変なことになりかねません。

先日、講演会の質疑応答のシーンで、こんな方にお会いしました。

その方は、ある有名な方のもとで、長年エネルギーのワークを行っていたそうです。その方を信じてワークを重ね、別の人にもヒーリングをすることが許されるようにまでなったそうですが、その半年後ぐらいから、具合が悪くなっていったそうです。

具体的には、毎晩寝床に横になると、右側の盲腸のところからエネルギーが渦を巻いて走り出し、それとともに恐ろしい記憶が次々とよみがえるそうです。まともに眠ることもできず、その方は、かれこれ7年ものあいだ、そんな状況で苦しんでいた、とおっしゃっていました。

その状況を打開しようと、その方はいろいろなヒーラーのもとを訪ねたそうですが、苦しみは続いたそうです。

ですが、はじめて参加した私の講演会で、アヌグラハの奇跡の癒しを体験することになりました。アヌグラハの神の恩寵は、苦しみを溶かす波動です。苦しみのエネルギーが消えたのです。私が伝えたアヌグラハで一瞬にして7年間もの苦しみから無事解き放たれたそうです。これは本当によかったと思います。

こうした、ちまたで安心と思われているエネルギーワークにも、危険はいっぱいなのです。

さらに、最近は瞑想が流行っているために、インターネットやテレビでも特集が多く組まれています。それらの情報をもとに自己流で瞑想やエネルギーワークを行ったり、チャクラをいじったりということは絶対にやめたほうがいいでしょう。

エネルギーバランスやチャクラを本格的に壊してしまうと、もう誰にも直すことができなくなってしまいます。

インドでも、修行により、すべてのバランスを崩してしまう修行者がいます。精神錯乱を起こしたり、肉体的に大変な苦しみを抱えてしまったりする人がたくさんいるのです。

究極を知るマスターに出会うことは稀有《けう》なことです。そんなことは、ヒマラヤ聖者のいるインドにおいてさえむずかしいのです。いくらヒマラヤを行脚《あんぎゃ》しても、出会ったその人が本当のマスターかどうかもわからないものです。

現在、実際に会うことが可能なシッダーマスターは、パイロットババジと私、世界に２人だけです。

ましてや、**秘法やアヌグラハの祝福をいただく、といったことは、「ヨグマタのもと以外ではありえない」と知っていただくことで、どうかご自身をお守りください。**

もし、瞑想やヒーリングを受けたことにより、どうも調子が悪い、という意識があるのなら、今すぐにその活動と距離を置きましょう。

それはきっと、小宇宙からのサインなのですから。

いいカルマを積むための「布施《ふせ》」とは

カルマを浄めるということは大切なことです。

ヒマラヤ秘教の教えの実践と、シッダーマスターによりアヌグラハをいただくことで、すみやかにカルマが浄められることは、本当にすばらしいことです。

しかし、それをいただくためには、とらわれを外し素直な心になって、信頼することが大切です。欲しい、という欲望につながっていてはカルマを浄化する機会が逃げてしまうのです。

そのため、祝福とともに「善行」を積むことをおすすめします。「本当の人助け」をするのです。

そのような善行のことを、「布施」といいます。布施を寄付と誤解している人がいますが、ここでお伝えする布施はまったく異なるものです。

あなたにぜひ実行していただきたい布施は、**善行により、無償の愛を積極的に差し**

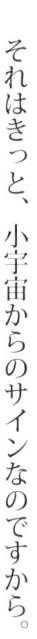

出すことであり、エゴが外れて執着がとれ、深いところからの純粋なエネルギーにしていくことです。

見返りのない愛で人に接していくことも、協力をしてくれた人に、心からの感謝の言葉を述べることも、布施になります。エゴを落とすことで自然の愛が湧き上がってくるのです。

人は、欲という執着のカルマをつくり出し、やがて自分を不自由にしてしまうものですが、布施と奉仕は欲のカルマから解放されるための大きな手助けになるのです。

さらに、執着をとり去る直接的で具体的な行為なのです。

・長年連れ添ったパートナーに、愛と感謝の気持ちを伝える
・わだかまりにより音信が途絶えていた家族や友人に対して、心のなかで相手の立場を思い、自他を許し、幸せを祈って過去を水に流す
・苦手だな、と避けていた上司や先輩からいただいている教訓を思い返してみる
・物や金銭を貸したことによるトラブルなら、その物や金銭への執着を手放す
・自分を嫌っていると思われる相手にこそ、心のなかで愛の気持ちを向けてみる

布施では、誰かに「すごい」といわれたい、ほめられたい、ということを求めては意味がありません。それは自己顕示欲というエゴにつながるため、余計おかしなカルマを積むことになります。

もっとシンプルに、身のまわりにある滞りをほぐすようなことをするといいでしょう。誰にも気づかれないようなことでも、あなたの身体は確実に変容していきます。

それにより、周囲の人の心と身体も変わっていき、ひいては宇宙全体が変わっていきます。エゴからではない愛がまわりを変える結果を呼び込むのです。

自分の周囲が変われば自分は幸せになる、と思い込んでいる人が多いのです。そうではなく、外側はそのままにしておきましょう。

周囲を変えるには、ものすごいエネルギーが必要です。

社会の慣習や、土地の慣習を変えることなど、自分以外のものを変えることは、すぐにはできません。

そして、人間関係のトラブルでは、相手にこう変わってほしい、と自分の理想や望みばかりを押し出している人も少なくないようです。

相手に、あなたはこう変わるべきだ、といくらいっても、相手の心を変えたり、別の人格へ変えたりすることはできません。相手のエゴが反対します。

あなたの言葉を聞いて相手が折れれば、一瞬変わったかのように見え、満足するかもしれません。しかし、根底から変えているわけではないのです。

しばらくすると、また相手の同じところが気に障るようになってきて、相手が変わり切らないことが腹立たしくなってくるのです。

こんな人間関係をくり返していたら、手に入ることのない幻を追い続けるような、苦悩に満ちた人生になってしまいます。相手の価値観は変わらないのです。

必要なのは、**自分が変わればすべては変わる、というたったひとつの気づき**でいいのです。自分を変えることも困難なことかもしれませんが、手に入らない幻を追い求めるより確実です。なぜなら、修行という手段があるからです。

ヒマラヤの恩恵に出会った人は、内側を本当に豊かにすることができます。まわりの人に許しを与えていきます。すると、まわりが変わっていくのです。無理に変えようと思わなくても、人間関係もよくなっていきます。

「本当の自分」を信頼し、自分に正直であり、日々善行を積み、感謝を捧げていく。

これが悪いカルマの連鎖を断ち切り、いいカルマを積むことになるのです。

チャレンジすることも、カルマの浄化につながる

「本当の自分」は神であり、真理であることを知らないままでいると、心に振りまわされて消耗するばかりで、何をやっても充実感がないのです。

身近に、すごい能力を持っている人がいたり、趣味が充実しているような人がいたりすると、うらやましい、自分もそういうふうになりたい、と短絡的に思います。

しかし、それはその人のカルマによって得られたものなのです。隣の芝生は青いものです。周囲の人が持っているものにばかり意識を向けるのではなく、あなた自身が持っているものを大切にすると、生きやすくなるはずです。

ですが、もしどうしても、自分もそういうふうになりたい、と思うなら、ひょっとすると、あなたのカルマもそれを解消するときなのかもしれません。

・陶芸をやっている友人を見ていて、本当は自分もやってみたかった

・行ってみたい国があるけれど、なかなかタイミングが合わなかった
・惹《ひ》かれる人がいるけれど、声をかけられないでいた
・憧れている仕事があるけれど、転職する勇気がなかった
・船の免許を取得したいけれど、お金がかかるし踏み切れないでいた

人生を謳歌するのはすばらしいことで、誰にも咎《とが》められることではないのです。あなたは、何か携わるものがほしいのです。そのような才能や天分があなたのカルマにあったわけです。それを伸ばせばいいのです。

逆に向いていないことがわかったとします。しかし、その出会いでカルマはちゃんと浄められたので安心してください。

実際にそれを楽しみながらやってみて、理解したら執着を終わらせましょう。その執着から卒業していけばよいのです。

一方で、きちんと修行をしながら真理の道に進んでいくこと。そうしたバランスのとれた生き方が、執着を落ち着かせていくのです。

執着を手放すと、同時に「本当の自分」が見えてくるでしょう。

生きていくのに、才能を伸ばし、クリエイティブな方向にパワー、愛、智慧を使っていくのはすばらしいことです。

誰にでも、こんな人になりたい、人生でこんなことを達成したい、といったカルマがあります。そういうカルマを達成していくには、行動することを邪魔しているものを浄化してとり除いて、あなたらしい生き方をするように心がければいいのです。

世のなかにはいろいろな職業がありますが、その職業をまっとうして、より一層豊かな人生を築いていただきたいと思っています。さらにもっと重要なやらなければならないことが、「本当の自分」に出会うことです。

あなたが望めば、最高の人間になれる

インドではみんなが神様を信仰しています。さらに出家をして、真理の道を歩み、神様に出会って悟りを得たいという人がすごく多いのです。

出家をして、そうした聖なる道を歩み、祈りと瞑想をしている人が家族にひとりでもいれば、その家は7代先まで浄まるといわれます。

魂と小宇宙を浄める道に入るわけですから、当然そうしたことが起きるのです。

修行により神の力、つまり生命力が高まると心の傷や身体の傷が早く癒されます。そして心の内側が整理整頓されて、いろいろなストレスのカルマが早く消えていくのです。

そうして「本当の自分」である、もともとの純粋な存在に戻っていくのです。その存在の境地を「サットチットアーナンダ」といいます。サットは純粋、チットは意識、アーナンダは喜びです。

真理の人になり、本当の究極の喜びの人になり、そういう存在になる、ということです。

本来なら、それは何生にもわたり修行していかなければならないような道です。まず真理に導くヒマラヤ聖者に会うことは不可能です。最高の人間になるためには秘法の伝授を受け、それを修習していかなければなりません。

さらにインド哲学の経典であるヴェーダを全部読むなどということをするのなら、サンスクリット語も勉強していかなくてはなりません。また、誰が「本当の自分」を目醒めさせてくれるのでしょうか。実際、インドで修行する聖者においても、最高の師に出会いそこまで到達できる人はなかなかいません。

インドではほとんどの人が信仰を持ち、神々を信じています。そして、多くの人がガンジス川への信仰を持ち、その水で心身と魂を浄めるために沐浴をします。

インドではこうした深い信仰や修行が一般的で尊いのです。さらに神に出会いたいと悟りを求めるのですが、日本とはあまりに文化が違い過ぎるかもしれません。

私にできることは、人々が文化や伝統の違いに縛られることなく、誰のなかにもある「本当の自分」を信じ、それを体験する旅でともに歩むことです。

私は自らが究極のサマディに達して知った真理とその秘密の教えを、やさしい言葉で説き、実際の修行をガイドしています。

勘のいいあなたでしたらすでにお気づきかもしれませんが、実は**真理の言葉である本書を読むだけでも、気づきが増して執着が離れ、また真理からの言葉の力によってカルマの浄化がしっかりと起きている**のです。すでに徐々に解放されていっていることを感じていたかもしれません。

このサマディレベルからの言葉に出会うことも、本当に奇跡なのです。

ヒマラヤの教えは、本来は聖者、悟りの人になっていく教えです。門外不出のものです。人が本当に完全な人間になっていく教えであり、実践の教えです。

それは入門してはじめて口頭で伝えられ、本来なら入門しなければ本書のような話も聞くことはできません。

いろいろな学者が、サンスクリット語の経典を日本語に翻訳したとしても、体験のない人の翻訳ではよくわからないと思います。

あなたが望めば最高の人間になれるのです。

「本当の自分」に出会っていくということは、人生の本当の目的なのです。真理を知って変容をしていくという道は、最高に価値あることであり、私はその道をあなたが歩むことを望んでいます。

言葉の理解だけでなく、シッダーマスターのガイドで実際の瞑想修行をして、本当の悟りに向かっていただきたいと願っています。

第4章

瞑想で心が溶けると、人生が変わる

瞑想により悟られたお釈迦《しゃか》様

瞑想は、サンスクリット語で「ディヤーナ」といいます。仏教の伝来で、中国ではそれを当て字で、「禅那《ぜんな》」と書きます。そのうえの文字だけとって「禅」になったのです。仏教のもともとのルーツはヒマラヤ秘教の教えです。ヒマラヤ秘教の教えから、ヴェーダの教えが生まれました。それが仏教にとり入れられ、中国にわたったのです。その後、日本にも伝えられ、禅の文化が発展しました。

日本人はほかの文化をとり入れるということにおいて、とても真摯《しんし》な民族であり、古来、世界からわたってきたさまざまな文化を吸収してきました。

仏教もそのひとつであると思います。日本全国に寺院が建立され、お釈迦様の教えを学んできました。

ですが、その教えの大半は、仏様をいかに祀《まつ》るか、お葬式をどうするかといったことで、お釈迦様が生きていた当時に伝えていた、内側の気づきを得ていく教えは、一般の方にはあまり伝わっていませんでした。

そんななか、最近の傾向では、真理を知りたい、という方も少しずつ増えてきて、多くの日本人に目醒めのときが訪れているように感じます。

インドでお生まれになったお釈迦様は、インド北東部の仏教の聖地である「ブッダガヤ」などを歩かれ、多くの聖者に会いながら、苦行をされました。

最初は、密教であるタントラの修行などをされ、苦行によって集中力や意識力が向上し、断食などで心身が浄められて悟りの準備が整いました。

そして、最後に瞑想に出会ったのです。

お釈迦様は意を決し、菩提樹の木の下に座られて、瞑想をして真理を悟られました。

人間とはどういうものであるのか。

感覚とはどういうものか。

外からの刺激がどのようなプロセスを経て脳に伝わり、さまざまな感情へとつながっていくのか。

さらに、刺激を受けても揺れないためには、そして、何の感情も引き起こさないためには、どうすればよいのか。

こうして、お釈迦様は、因縁の法則を発見されたのです。十二縁起の法則です。

このようなことを、ひとつひとつ瞑想をとおして体得していかれたのです。

お釈迦様のように本当のことを知るためには、瞑想を通じて「意識の内側」を旅することが必要です。自分で体験することがとても大事なのです。

瞑想で潜在意識にアクセスする

ここで、意識の仕組みについて少しお話ししましょう。

意識には、外側と内側があります。

あなたも「顕在意識」と「潜在意識」という言葉を聞いたことがあるかもしれません。

簡単にお伝えすると、私たちの思考や理性をつかさどる外側の意識が顕在意識であり、無意識の領域で働いている内側の意識が潜在意識です。

内側の意識である潜在意識の奥に無意識層があり、そしてそれを超えたところに超意識があり、そこには無限のパワーと智慧があります。

お釈迦様が発見した因縁の法則とは、**ヒマラヤ秘教ではカルマの法則**といいます。

リシといわれるヒマラヤの聖者によって古くに発見された真理の法則、自然法則で、それは心の見えないところと見えるところの働きを示したものです。

あなたが経験した出来事、置かれている環境、あなたやまわりの人が起こす行動のすべては、あなたの潜在意識の反応に関係しているのです。

すべての結果は、あなたの意識した、あるいは無意識の考えが反映されています。あなたの体験の記憶が積まれている潜在意識の選択が現れているのです。

たとえば、私はおっちょこちょいだ、といつもいっている人がいるとします。

すると、潜在意識に刻み込まれた「自分はおっちょこちょい」というキーワードが思い込みとなって何事にも反映されてきます。

潜在意識は、忘れ物をしたり、お客様の名前を間違えたり、事故を起こしたり、といったさまざまな形で、おっちょこちょいの持っているイメージを実現しようとしてくるのです。

潜在意識は静かな心のときに現われ、言葉を受けとりやすいのです。あなたが外側の意識で自分の能力に限界を設ければ、内側の意識はそのように機能します。内側の退定する意識が、限界を超えないように必死になって邪魔をするのです。

では、もし自分に限界を設けなかったらどうなるのでしょうか。

ときに火事場の馬鹿力のようにすごく重いものを持ち上げたり、また集中力でスプーンを曲げたりする、ということがあります。

こういった場合、火事などの極限の状況により、理性的な心が混乱して働かず、いわば無心になっています。そしてダイレクトに潜在意識にスイッチが入っていくのです。制御する心の働きがとれて潜在意識がむき出しになって働くと、どんなことでも可能になるのです。

瞑想では、感覚の働きを閉じ、潜在意識にスイッチを入れることになります。

つまり顕在意識をしずめて、潜在意識にアクセスするようになっているのです。さらにその奥深くに、そうしたものを超えたすべての源の存在があるのを知ることができます。

もし潜在意識の力を、人が幸せになる方向に使っていくことができれば、あなたの魂は真の成長を遂げていくことができます。

しかしながら、知っておかなくてはならないこともあります。潜在意識は諸刃の剣である、ということです。

先ほど、潜在意識には、今までのすべての体験の記憶が積み重ねられているとお伝えしました。

当然そこには、願いが叶わなかった記憶、苦しみや悲しみなど、よくない記憶も積み重なっているのです。

その部分が開かれると、パンドラの箱を開けたようになり、イリュージョンやイマジネーションなどが、次から次へと出てきてしまいます。イリュージョンとは心がつくり出した幻想、イマジネーションは想像です。

どちらも、「本当の自分」とは関係がなく、過去からのもの、親や他者から刻み込まれたイメージであったり、自分自身の思い込みであったりします。

ですから、そこをしっかり浄めていかなければならないわけです。自分の考えや観念がはたして純粋な永遠のものなのか、あるいは、こだわらなければならないほど重要なものなのか、を見つめていかなくてはいけません。

瞑想法もいろいろあり、自己流や途中まで知った指導者の瞑想などは潜在意識のふたを開けることになり、今まで何とか保っていたバランスが崩れてしまいます。

ですが、究極のサマディを体験したシッダーマスターがかけ橋となり、純粋なエネルギーの恩寵で心身を浄めるヒマラヤ秘教の修行は、ただ、あるがまま何もしないで意識を進化させ、見つめていくことができるようになります。

そのメインの修行が「ヒマラヤシッダー瞑想」です。

安全に瞑想を行って、潜在意識にある無限のパワーを上手に目醒めさせ、深く浄めていくことができるのです。

心を溶かす「ヒマラヤシッダー瞑想」

瞑想では、心を整理整頓して静めていきます。心は常に考えたり外を見たりしています。その意識を内に向け静寂にしていくと、心に何があるのかがわかってきます。

私たちの身体の細胞にはＤＮＡが存在していて、それによりあなたの体質や気質がつくられています。また、心には過去生と今生の記憶が刻まれています。こういったものが設計図となって、人は影響を受けて行動しているのです。

たとえば、子どものころから本当に愛されたことがなかったり、また愛したことがなかったりすると、潜在意識に「愛を信じられない」という設計図ができ上がっていきます。だから、簡単には愛を持てないのです。

潜在意識にある設計図を変えていくには、子ども時代にさかのぼって癒すことが大切です。

瞑想で設計図にある問題点を積極的にとり上げて、そこに神の恩寵のアメグラハのパワーの祝福を与えて、浄化して気づき解放するのです。

すると、本当に無垢な自分や、楽しかったときのことを思い出すこともあります。

また、瞑想をしていると、潜在意識にあるよいカルマも悪いカルマも溶けはじめ、浮いてきます。それらは雑念として溶けていくのですが、その過程で忘れていた嫌な体験を思い出し、そのことがくり返しよみがえることがあるかもしれません。

世のなかの癒しの多くが、そういった嫌な体験に対しては、そこに無理に違う考えを入れ込み染め上げたりしているようです。つまりは洗脳することで心を強める試みです。

ですが、本当は洗脳ではなく、その嫌な体験を通じ、すべてを超えた次元からの意識や波動で気づきを深め、浄めることができるのです。何か新しい考え方を押しつけるということではなく、高次元の祝福で今までの価値観を浄化して、「ゼロ」にするのです。

それはヒマラヤ聖者のみが持つ智慧と、サマディからの高次元のエネルギーによって可能になります。

高次元の存在の力でゼロにすると、意識が覚醒して客観的に離れたところから嫌な体験を見て、それを超えて楽になることができます。単なる浄化ではまだ心と一体になっているので心に翻弄され続けるのです。

このように、**ヒマラヤシッダー瞑想では祝福というよいエネルギーをいただけ、聖なることに集中できるようになります。**信頼と愛を持つとそれはコンタクトする際の強いスイッチとなり、聖なる集中ができて、静かでエネルギーの消耗がありません。**エネルギーのむだな消耗がなく内側が満たされてくると、自信があふれてきます。**

自信を持つこと、それこそが、自分を愛するということなのです。

自信がないと、自分はダメだな、とジャッジしてしまいます。それは、自分を許せていないからです。そんな自分自身をまず癒していくことが大切なのです。

もし、そこで自分の間違いに本当に気がつけば、そこから解放されます。

神聖な大きな心になって自分を信じることで、今よりさらに大きな愛、宇宙的な愛を持って生きることができるようになるのです。

人を愛するということは、まず自分を愛することです。

内側の思い込み、つまり、自分の心はいったい何なのかということに気づいて、なぜそういうリアクションをするのかを知っていきましょう。分析するのではなく、ただ気づいていくとそれがやがて解決されるのです。

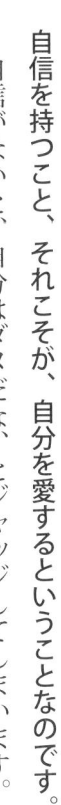

瞑想で夢を叶えた母娘《おやこ》

お伝えしたように、不自然なポジティブシンキングによる洗脳は心身のバランスを崩す原因となります。

正しいマスターのもと、正しく修行していくと、バランスを崩すことなく幸せな人生を歩むことができるようになるのです。

シッダーマスターからいただく高次元のエネルギーをきちんと受けとり、上手に心身のバランスをとりながら、夢を叶えた母娘のお話をご紹介します。


ヨグマタジのもとで瞑想をはじめて3年になりました。日々、小さな失敗から大きな学びをいただいています。

たくさんの気づきのなかで、成長しながら生きてゆけるようになりました。

「石のうえにも三年」というヨグマタジのお言葉どおり、とにかく3年間はできるかぎりプログラムに参加して修行してみました。

そして、さまざまなすばらしい変容をいただき、幸せになりました。

日常生活で、不安や恐れや怒り、疲れや痛みなどの思いや感覚につながらず、マントラを唱えてヨグマタジにつながれば、守られて何の心配もなく、安心して生きていられるということを実感しています。

この、「何があっても大丈夫」「すべては学びなのだ」という生き方は本当に楽です。

これは、高校受験を間近にひかえた娘と私に起こった奇跡です。

娘はとてもがんばって勉強していましたが、12月の模擬試験の結果、第一志望校の合格可能性率が20パーセント以下しかありませんでした。

挽回しようと努力を重ねましたが、１月の模擬試験でも思ったほど成績は伸びませんでした。

このような状況、以前なら非常に動揺していたかと思います。

しかし、親子ともにヨグマタジにつながらせていただいたことで、「これは人生の学びだから、とにかく入試当日までできるかぎりのことをやって、あとは宇宙におまかせしていればいいよね」と、２人で冷静に思うことができたのです。

そして、入試本番。模試では合格可能性率を上げられなかったにもかかわらず、なんと合格基準値を大幅に超えて第一志望校に合格することができました。

どうやら入試直前の2ヶ月くらいで、学力がぐんぐん伸びたようなのです。娘が自分を信じて、くじけずに淡々と努力し続けることができたのは、本当にヨグマタジのおかげさまです。深く感謝いたします。

このように、日常で一見うまくいっていないようなことも、すべては学びだと思うことができて、今やるべきことをしっかりやりつつ、あとはおまかせするという生き方が、この3年で定着してきたように思えます。

とても楽に生きられるようになりました。

ヨグマタジに深く感謝しています。本当にありがとうございました。

（東京都　50代　女性）

瞑想で「ゼロ」を体験する

心はリラックスさせ、体ませる必要があります。それを実現できるのが瞑想です。

心を浄化して空っぽにしてくれるのです。つまり、ゼロになるのです。

では、ゼロになるということは、いったいどういうことなのでしょうか。


瞑想ではまず、心を浄化してゼロにするために、すべての思いが湧き上がる心の源、あるいはこの身体の源に還ります。源にさかのぼって源と一体となっていくのです。

それは、思いをつくり出す、内側の形になる前の世界を旅して、さらにその次元を超えていく、ということなのです。

その旅で、自分にとって本当に何が大切なのかを見つめていきます。そこにある過去の残骸を見ながら気づきを得て、理解したら今度はそれを手放して、ゼロになるのです。


しかしこの話をすると、今までいろいろと大切にしてきたものや、価値観を失ってしまうのではないのか、と不安に思う人がときどきいらっしゃいます。

そうではなく、**瞑想は今の表にある世界から、裏の見えない世界を全部知っていくための修行**なのです。

個別のものを捨ててゼロになり、さらに無欲となるとすべてを捨てていくように思いますが、実はそれは逆で、見えない世界を全部知るとすべてが手に入ります。すべてがある源と一体になることで、それを実感できるはずです。そういったことを実感として理解することが大切です。それこそ究極の悟りなのです。

ときおり、こういった私の話を聞いて、長年瞑想をしたり、熱心にスピリチュアルを学んだりされている方、あるいは仏教の僧侶などが、「長いあいだわからなかった真理がようやくわかりました」とおっしゃることがあります。

その方に直接的にお伝えしませんが、残念ながらそれは勘違いでしょう。なぜなら、真理とは実際に体験しなければわからないものだからです。

たしかに、仏教の経典でも空《くう》（ゼロ）について説かれています。

たとえば、『般若心経』には「色即是空《しきそくぜくう》、空即是色《くうそくぜしき》」「無老死《むろうし》」「無所得《むしょとく》」などとあります。

空は仏教哲学者たちのあいだで長年テーマとなり、それについての文献も数多く存在します。

ですから、仏教哲学の本を読むと、ゼロになるということ、つまり、心を空っぽにする、さらに「ノーマインド（無心）」になることの教えにかならず出会います。

ですが、それらの大半が、悟りとはこうなのではないかと推察されているものばかりです。そのため、そういった本を読めば読むほど余計わからなくなってしまう恐れがあります。

私は実際に悟りを得て真理を体験しました。そこで体験した真理を人々にお伝えしていけるよう努力していますが、言葉だけですべてを理解してもらおう、などとは思っていません。それは誰にも不可能だからです。

「空」と「無」は、瞑想してゼロになることを自ら体験して、はじめてわかるものなのです。自分で体験し、気づいていかなくては意味がありません。

話を聞いて理解できたからといってそれで満足せずに、自らの体験をとおしてしっかりと真に悟っていただきたいと願っています。

人類が登場してから何十万年の歴史のなかで、心の働きはずっと続いています。

心は連動して次から次にいろいろな考えに発展していっています。それをゼロにするのは至難の業《わざ》です。

ヒマラヤの聖者は一般の方法ではゼロにならないことを知っているのです。すべてが現れてくる源には純粋な存在、魂があります。しかしそれを覆う心の層は厚いのです。そこを切り開いて源に達するのは本当にむずかしいことです。

シッダーマスターは、どうしたら心の層を切り開いて源に達していけるかを知っています。


シッダーマスターの導きによる瞑想で静寂を体験していくことができます。まず深いところにある純粋性が目醒めて、そしてそこから高次元のエネルギーを引き出して身体と心を浄めていくことができるのです。

瞑想を続けていくと、いつの日か、内側は宇宙と同じ素材でできていることに気づき、私自身がそこら中にいると知ることができます。

そのとき、あなたが生まれてきた真理がわかってくるのです。

瞑想で高次元のエネルギーにアクセスする

ヒマラヤシッダー瞑想を続けていくと、自分でも気づかなかった心に気づくことがあります。

たとえば、昼間こういうことがあって嫌だった、という否定的な心なども思い出します。その心をよく見ていると、自分の欲の心がそこにあるから、そういう気持ちになるのだと気づきます。つまりエゴの働きに気づくのです。

また、もう少し続けると、他人をうらやむ心やジェラシーといった、心の影に気づいたりします。すべてエゴの自分を守る自己防衛の働きです。

ですが、それは当然なのです。多くの人のなかに、他人と比較して、自分はダメだ、と思うコンプレックスがあり、人を裁く心や自分に対する疑いを持っています。

それらは、常に他人と比較して伸びよう、闘おうとしている心の姿です。自分が少しでも優位に立ち、幸せになりたいという欲望です。

多かれ少なかれ誰もが持っている自己防衛の欲望ですが、常に不安なため、反発の心で自己防衛をし続け、自他の気分を阻害しエネルギーは枯渇してしまいます。この心をエゴというのです。

心に安らぎは訪れません。それは本当に価値ある心の使い方ではないのです。

残念ながら、人類は太古から、進化のプロセスで、このような心の使い方をして生きてきました。人類だけでなく動物たちもみなそうです。

このようにいわれて、そうか、自分は間違っているから固着した考えを変えよう、と決意したとしても、簡単には変えることはできません。

たとえそれが自分を苦しめるものであっても、うえから染めたり、くっつけたりするくらいでは、それまでの自分の考え方やこだわりが根本に残っている状態は続きます。**同じレベルのエネルギーの操作では、変容はもたらされない**のです。

ヒマラヤシッダー瞑想で高次元からのエネルギーの助けを得られたら、その変容が現実のものとなるのです。ヒマラヤシッダー瞑想にほかの瞑想とは違う効果がある秘密はそこにあります。

悟りを得たヒマラヤ聖者・シッダーマスターがかけ橋となり、高次元のエネルギーの助けをいただければ、これまで自らを苦しめてきた厄介な心から解放され、幸せになれるのです。

シッダーマスターにつながることが大切

最近は自己流の瞑想を行っている方がいらっしゃいます。ですが、それを続けていると心が敏感になり、やがて、神経が不安定になることがあるのです。それを「魔境に陥る」といいます。

悟りを得た正しいマスターのガイドがなかったり、精神を向ける対象が純粋でなかったりする場合に、瞑想者の潜在意識にあるネガティブなものが活性化して、ほかのスピリットを呼び寄せてしまうことがあります。それらが憑依《ひょうい》したりして、エネルギーのバランスがとれなくなり、ひどく苦しむことを魔境に陥るというのです。

瞑想は、正しいマスターについて修行をしないと危険です。魔境に陥らずに、安心して心身の変容と浄化の修行をしていくことが大切です。

瞑想を正しくすると、高次元の音や光の波動により心が浄められ、疑いや不安はなくなり、物事がクリアに見えるようになります。想像を超え、心を超え、怖いものがなくなっていくのです。

本来、深いよい瞑想を起こすのはきびしい道です。あなたを依存の束縛から解放する意識の進化です。しかし、真理を知らないガイドや、自力ではできないのできびしいのです。今、マスターを信頼することで、楽にできる道がここにあります。

大抵の人は内側に否定的な気持ちを抱いているものです。瞑想をはじめても、心にある否定的な気持ちのスイッチが入るので、気をつけなければなりません。

たとえば、瞑想で心がほどけはじめ自由になっていくと、まだよくならない、とか、比較する心や欲の思い、深いところにある否定的な思いとつながってしまうことがあります。そういった思いが浮き上がり、悪い現象を引き起こしていくこともあるでしょう。大難が小難になっているのです。そこで信頼と感謝が重要なのです。

ですから、いかなるときも新しい正しい流れに変わるために、信頼を失わずに立ち向かわなければなりません。しっかり信仰心を持って、シッダーマスターにつながって、修行をしていくことが大切なのです。

悟るためにはよいエネルギーを蓄積して功徳を積み、また純粋になっていきます。

神を愛し、「本当の自分」を愛することで、源からの宇宙的な愛を引き出し、またそれをシェアすることで、見返りのない、無償の愛の実践をしていきましょう。慈愛の実践です。カルマを浄めながら、自他が自由になり、楽になり、幸せになる道がヒマラヤシッダー瞑想なのです。

神からいただいたこの心と身体を自分のみのためではなく、人が幸せになるためにも使っていくのです。この世界が助け合いの世界になるためにです。

そして生かされ学んでいくことができることに感謝しましょう。存在とそこから現れる事柄への感謝と愛の気持ちを表現していきます。

そうした生き方がエゴのない愛の人になっていき、人を助け、心がとらわれない大きな人になる礎《いしずえ》になっていきます。この生き方は、捧げる生き方、菩薩のような生き方、天使の生き方です。

日々の実践の積み重ねで、そうした人になることができます。継続は力なりです。ずっと続けていくことが大切です。

気をつけたい目醒めへの誘惑

内側への旅をして「本当の自分」に出会うということ、つまり自分の内側の根源、生命の源泉とつながって、さらに浄めていく。

ヒマラヤシッダー瞑想の教えは、あなたのすべてを変え、あなたは永遠の幸福を得ることができます。その教えは、外側からの構築ではなくて、内側の芯からあなたを変えていくという真髄の教えだからです。

その教えに出会い、それを実践できることは幸運なことですが、ひとつ気をつけていただきたい点があります。それは、そのような真理に触れる修行は、ヒマラヤ聖者に会わないと不可能である、ということです。

最近は、自己実現の教えや、自分を変えようとする教えを、いろいろなところで見かけます。

さまざまな手法で人を変えようとしますが、実際は、その大半が暗闇のなかを手探りで歩いているのであり、**言葉はきれいでも実際の悟りを体験していないガイドによ**

り心を強めさせられているだけになっている状況です。

私は以前、かつて宗教に入って活動されていた人から、次のようなお話をうかがいました。

その宗教ではいろいろな教義を教えられるので、その活動中は大変ポジティブに、元気に行動していたそうです。いつも、あれをしなければ、これをしなければ、とがんばっていて、そうしているときには、充実していていいな、という感じがあったといいます。

ですが、そのうちに、常に何かをし続けなければならない、というあせりや不安を感じるようになり、何もしていないと、それだけで悪いことをしているような、そんな罪悪感さえ抱くようになってしまったそうです。

その方は、「あのときはとても無理をして疲れていた」といわれていました。いろいろな教えを詰め込まれていただけで、強い思い込みの心でやっていただけだったのが、今ならわかるそうです。

もちろん、その組織も、幸せになることを目指していろいろ教えているのだと思います。ただし、外側のことが多くなり、心を使うのでそれにこだわることになります。

たとえば、人を愛しなさいという教えがあると、その教えに従って、そのようにあらねばならぬと思い、努力します。本当に愛の人になったわけではなく、いわれたからという理由で、そう振る舞っているだけの場合が多いのです。

自分を変える、ということは簡単ではないのです。

自分の悪いところや、できていないところを直そうとしても、頭ではわかっても実際に自分を変えることは容易ではありません。

自分ひとりで反省をして心を変えようとしても、ますます苦しみのなかに入っていきます。

欠点がますます気になって落ち込み、余計に悪くなったりするのです。

私のもとにも〝自己実現スクール〟などに参加したことによる中途半端な目醒めで、大変な苦しみを抱えてしまった人がときどきいらっしゃいます。

まるでジキルとハイドのように、精神の陰陽が浮沈《ふちん》している様子で、そのような方が救われるのをお手伝いするのは本当に時間がかかります。

真理を想像のなかだけで理解したつもりになって、中途半端に目醒めへの扉を開け

て扉の向こうにある苦しみを呼び醒まし、そのエネルギーに強くとらわれ、それがいいと勘違いすると、簡単にはそれを正すことができなくなってしまいます。

魂の成長や変容には、心を超えた純粋な苦しみを溶かすパワフルな存在が必要です。正しく導き変容させてくれる水先案内人が必要なのです。

シッダーマスターは究極のサマディを体験しました。

第1章でもお伝えしましたが、サマディとは真の自己、つまり魂そのものになることです。魂と一体になる、ということはつまり、創造の源と一体になることなのです。サマディは、静寂で何もない「空っぽ＝ナッシングネス」の状態です。究極のゼロです。それを成就した存在は、人を変容させる力を持ち、祝福する存在になれます。

シッダーマスターは、小宇宙を浄め神に至る秘密の科学を知っているのです。

自らが実際に究極の状態を経験したからこそ、真理に向かうためのガイドをすることができています。

具体的に人々が健康になり、自然にすべてが整っていき、心が安らいでさまざまな能力までも高めることができるのは、シッダーマスター自らがサマディを体験したからなのです。

真理に出会うためのプロセス

人は、本当に究極の真理を体験した人がガイドすることではじめて、真理への道を進むことができます。そうして本当の愛が内側からにじみ出てくるようになるのです。

そういう高次元のガイドがいないなかで、ポジティブなことを考えようと努力しても、それは心で思い込んでいるに過ぎないのです。そこには限界があります。そのようなことを続けても、やがてアンバランスな思い込みで現実離れしていきます。

パワースポットや力のある人などを訪ねて変わろうとしても、多くの場合、時間とお金を使ってマインドや感覚を強め、心の喜びを知ったという行為に過ぎません。

気づきのないままに「〜せねばならない」という心でやっているので疲れるのです。

スピリチュアルと称して励まし合いながら、楽しくポジティブに、元気にやっているのですが心の執着であることが多いのです。

その雰囲気に満足してしまうか、真理とはそういうものだと思ってしまうわけです。

建物が立派であり、よい教えであり、それを心で学んで知識を増やし、理解しはじめます。ですが、それは真の成長、意識の進化とはちょっと違うものになっていきます。

そうやって、スピリチュアルな学びに10年、20年があっという間に過ぎてしまいます。その段階で疑問を持ちはじめても、費やした時間や労力、お金のことを考えてあと戻りできません。新たな挑戦をするという勇気も出ないままで、先に進めなくなるのです。

現代は情報化が進み、スピリチュアルな情報がそこら中に氾濫しています。内容もずいぶん進化した、正しい情報に見えるものもあります。

その多くは心によって理解しようとしているものや、イメージの世界での思い込みです。なぜなら、死を超えた究極のサマディの体験から得た真理の教えではないからです。本で読んだり、誰かから聞いたりして得た情報を、頭で理解したに過ぎないものだからです。

目に見えないことを扱う指導者がたくさん生まれれば、このような事態になることも当然です。

お釈迦様の教えも、さまざまな国を経て、長い年月をかけて伝えられたため、言葉の壁で微妙に変化して伝わっています。

今に伝わる教えも、お釈迦様が教えたことに弟子の解釈を加えたものであり、解釈した時代の宗教がとり入れられて、大衆向けに変化したものになっています。単なるイメージの世界に向かって修行していると、誤解や勘違いをして、強い思い込みの人になります。

そして、ついに私は「本当の自分」に出会ったのだ、と思い込んでしまう人さえいます。

しかし、その一方で、本当はとても苦しい思いをしている自分がいるのです。

心を超えてセルフ・自己に達し、さらに「本当の自分」になっていくには、秘密の科学の教えに出会う必要があるのです。

「本当の自分」に戻っていくために、シッダーマスターに出会うのです。**真理を体験した人との出会いによって、そのエネルギーをいただくと、あなたは大きく変容していくことができます。**

あなたの成長が進み、魂の本当の願いを叶えるために目醒めるときがきたなら、実際に真理を知っているマスターから話を聞いて、学んでいただきたいと思います。

リラックスするとエゴより愛を選択できる

ヒマラヤシッダー瞑想は、心を浄化して空っぽにして本質の力を引き出す営みです。心が浄まっていくと自分のエゴと離れられるようになります。

心を長いあいだ使ってきて、クリエイティブにいいものをつくってきました。一方すごく頑固で、「自分はこんな人間だ」「これが正しい」と思い込み、そのように染め上げていて、なかなか自分を変えられないわけです。

心がさまざまな思いを持って、それが積み重なっています。それは自分の思い込み、あるいは誰かの考えやアイディアであり、「本当の自分」ではないのです。

ヒマラヤシッダー瞑想でエゴを外していく練習をして、心の働きを静めさらにゼロになることを体験していくと、「ああ、楽なんだなあ」と感じられます。心が静寂を感じ、さらにその奥にある愛に触れることができます。

リラックスして、自分が本当に大事なものは何なのか、ということに気づいて、エゴを選択するより、愛を選択するようになっていけます。

すると、今まで思いのフィルターをとおして見ていた相手を、客観的に見られるようになるのです。これを起こしていくのは、マスターのガイドによる深い瞑想です。

このように、目醒めていって心の姿を本当に理解していくと、やがて心を超えていかれるでしょう。

多くの人は、自分のことに気づいていません。自分が否定的であるということさえ気づかないのです。人は常にまわりのせいにしているのです。自分のエネルギーが不幸を呼び寄せているということがわからないのです。自業自得なのです。

また、肯定的であっても、心がそこにありそれによって展開していくと、バランスをとるために誰かが苦しんでいるということもあるのです。

自分の内側を見ていき、そして心はいったい何なのかを知っていきます。

ヒマラヤ秘教の恩恵は、自分の内側を変えることができるという救いなのです。

そして静かな心、透明な心を得ていきます。静けさにいると、そこにすべてが映し出されてきます。

さらに、その映っているものが、解放され、全部なくなったとき、深く自分の根源に立ち返ることができるわけです。

それは、すべてを手に入れるということです。源の存在に還るということです。そこにすべてがあるのです。源と一体になりワンネスになります。その体験は悟りの体験です。それは本当の生きる目的であり、すべてを知り安らぎを得る、何にも増してすばらしい価値がある行為なのです。

心を超えて、ナッシングネスの状態に

私たちの心は何層にもなっていて、智慧や記憶、さらに思い込みやネガティブな感情、ポジティブな感情、エゴ、不要なものなどが蓄積しています。

瞑想を進め内側に目を向けはじめると、内側のからくりが少し見えはじめます。そこに蓄積したものが次々と浮上してきます。それらが消えるのを見つめます。

心が透明になると、本来のあるがままの自分、自己が現れてきます。それは、常に幸せで平和で自由な存在で、そのなかにすべてをつくる力があるのです。

瞑想で目指すポイントとは、高次元の純粋なエネルギーとつながり、内側をクオリ

ティの高いクリアな状態にしていくことです。実践が深まっていくほど、自分の内面からエネルギー的な変化が起こってくるのがわかるでしょう。

ヒマラヤシッダー瞑想を続けることによって心身を浄めつくすと、やがて自分の身体を超え、時間や空間も超えて、何もない感覚になります。

その究極の意識状態がサマディです。先述しましたが、静寂で何もない、ゼロになった状態です。それを「ナッシングネス」といいます。

身体を超えて、心を超えて、さらに死を超えて、修行で深く入っていくと真理そのものになります。それが涅槃になることです。そこは、心を浄化したところであり、宇宙の源であり、心が空っぽなのです。

その体験をすることで、解放されて自由であることを実感します。

あなたが究極の体験をすること、究極の意識を体験することで、すべての苦しみや問題が解決していくのです。もちろん誰もが、そこへのプロセスにおいても日々気づいて、いろいろな問題が自然に氷解していきます。

私たちは本来、神の力を宿した存在です。心に翻弄されるのは、本来の生き方ではありません。

幸せになるためによく「ポジティブシンキング」でいることが推奨されています。もちろん肯定していくことはいいのですが、それだけでは疲れてしまいます。またずっと否定的なネガティブ状態ではもっと疲れます。

どちらも心を使っています。ネガティブとポジティブが行ったりきたりして、どんどんエネルギーを消耗しています。

それよりも、肯定的なエネルギーと否定的なエネルギーを超えていくのがよいのです。どちらにも振りまわされない人になれます。

それが心に翻弄されない生き方ということです。

瞑想で心を休める練習とは、常に自分が真んなかに存在して無心の状態になるので、心に振りまわされなくなる、ということなのです。つまり、今にいるということです。

さらに心を超えて、高次の存在とつながると心に振りまわされなくなります。

太陽のようなパワーと愛をいつも宇宙からいただき、充電できるので、沽力も湧いてきます。消耗するだけでなく、内側から満ちていくことが大切なのです。

そして、無償の愛を出していくことで、内側から輝いてくるのです。また、そういう思いになると、光につながって生きることがあたりまえになります。

瞑想してすぐ無心になれるわけではない

勘違いしてはいけないのは、瞑想してすぐ無心になれるわけではない、ということです。

仕事や習いごとなど、何かしているときなら自然と集中していることもあります。ですが瞑想中、心の内側が見えて、心が何にも集中していないときは、とめどもなく思いが湧いてくるものです。今までのいろいろなことが思い出されたり、執着していることや、いろいろな雑念が浮かんできたりします。

無心にならなくては、とそういった思いを消したくなりますが、その必要はありません。

実は、それは**心の浄化が起きている証拠**なのです。

瞑想をはじめたばかりの方などからよく、どうしたら雑念をとり払えるのでしょうか、と聞かれます。最速で浄化する各種ヒマラヤシッダー瞑想秘法をいただくといいのです。雑念は心の浄化の姿で気づきです。雑念をただ見て流すこと、また祝福によって溶けていきます。

私たちは常に何かを考えたり、いろいろな感情が湧き上がったりするなどして、心がザワザワと波立っています。しかし、それは自分の心の表層で、本質は心の奥にある「魂」です。

表面に蓄積した感情やカルマを浄化し切っていき、心を超えていくと、本質的な光である「本当の自分」、魂に出会うことができます。

さまざまなストレスを抱えて生きる現代人は、絶えず外側の出来事に心が反応し、コロコロと変化して落ち着くことがありません。

そのように、心を使い、一喜一憂し、心に振りまわされている状態が過去生から続いて、そのストレスが蓄積して癖となり、キャラクターとなっています。それらは知らないうちにエネルギーを消耗させ、心身の不調和を招いてしまいます。

だからこそ、瞑想やヒマラヤ秘教の実践で内側を変容させます。やがて心を超えて常に心を穏やかに自然な状態にすることができるのです。

高次元の神聖なエネルギーへの橋となるシッダーマスターにつながると、すみやかに深く安らぐことができ、心が浄化されるのです。

苦しみから解放されて人生が輝く

年齢を重ねるとともに、誰しもストレスという垢《あか》が溜まっていきます。深いカルマを浄化するには、本来きびしい修行が必要です。通常は、人は内側を浄化して生まれ変わることはできないわけです。

それがヒマラヤの教えによって祝福をいただき、ヒマラヤシッダー瞑想をしていくだけで、嘘のようにどんどん楽になるのです。そうして苦しみから救われます。

ただ自分の欲望を満足させるために生きるのではなく、この心と身体を苦しみから救い、人類のために使っていきましょう。

あなたは、「そんな大それたことは考えられない」「私は自分のことだけで精一杯です」というかもしれませんが、そうした考え方を自然に受け入れて、自分は宇宙的な愛の人になれる、と信じてください。

それは、人を助けることで悟りに向かう、菩薩の生き方です。

愛を強めること、愛をシェアすることで、あなたのカルマが溶け、まわりの人も幸せになり、みんなが救われていきます。

そして、その究極には何の苦しみもなく満ち足り、まさに、楽という言葉がぴったりの精神状態になるのです。つまり、極楽です。

ヒマラヤシッダー瞑想は最速で心を浄化し、思考の流れは止まっていき、日々の苦しみから解放されます。マスターは内側のメカニズムを知り、どういう修行をしたらよいかを知っています。

内側を目醒めさせ、浄化し、源への鍵を開けて、安全に深い瞑想に入れます。そこから戻ってきたとき、あなたは生まれ変わり、楽になれるでしょう。

瞑想の最終段階「サマディ」とは

ヒマラヤ秘教のシッダーマスターが体験したサマディ、つまり悟りとはどのような体験か、ここでそのプロセスをお話しいたします。

ヒマラヤ秘教は真のヨガでもあります。修行には、「ヨガの八支則《はっしそく》」という8つのプロセスがあります。

今ヨガという言葉は多くの人が知る言葉となりました。しかしヨガを単なる体操健康法と思い、気楽に体操を行っていますが、そうではないのです。本来は神聖な神に出会うため、真の悟りの修行法です。

究極のサマディを成した正しいマスターによって伝えられていたものです。それは単なる健康法ではないのです。

修行的な真のヨガは完全なる人間に進化するための実践的な教えです。最初に「ヤマ」「ニヤマ」という道徳的な教えを説いています。

平和に向かう心がまえを日々実践します。神を信じます。マスターを信頼します。そうしてはじめてこの道を進むことができます。身体のバランスをとっていきます。そして感覚を統制します。

シッダーマスターから祈りや各種瞑想法を伝授していただき、瞑想で肉体の細胞を浄めていきます。ストレスがとり除かれて、きれいで繊細な状態に変容していくのです。

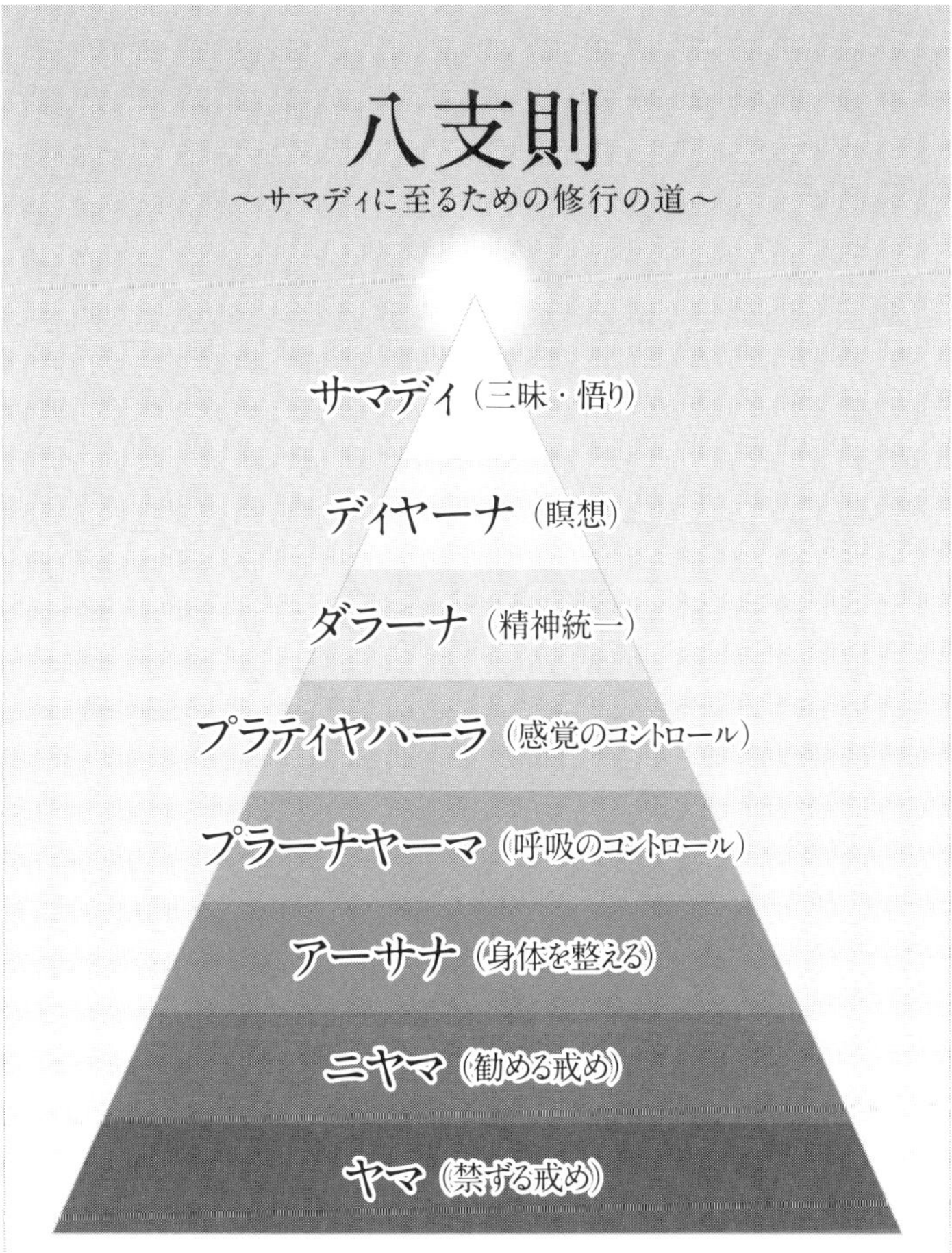

心の持ち方、生活の仕方、心や体の使い方、
呼吸や感覚の整え方を表しています。

人は宇宙の要素と同じもの、土、水、火、風、さらに空でできています。そこにカルマが積まれその人の質であるグナをつくっています。

先述しましたが、それらは重たく暗い性質であるタマスと、活動的な性質のラジャス、さらに純粋な性質のサットヴァがあります。これらが混在しています。

瞑想などの修行によって、意識を高め、グナを純粋にしていき、真理になるのが究極のサマディに至る悟りの道なのです。形があるものが変化してさらに変容して純粋になるのです。そのイメージは、氷が水になり水蒸気になるのと似ています。集合してできている物質が純粋になってわかれ、それぞれの分子になり原子になり素粒子になり、やがて波動になっていく感じです。そのプロセスでそれぞれの源に戻って消えて純粋になっていきます。

自分の内側の深い世界に出会うことで、瞑想の最後には本質の魂と一体になり、さらに宇宙の根源になっていくのです。

形ある身体の奥にある、形のないアストラルなエネルギーから、コザールに変容するのです。それらの質を浄めることは、自分の意識を高めるということです。

身体を浄めきり、心を浄めきって、それを超えて魂と一体となり、さらに至高なる神と一体になる体験が、究極のサマディ（真の悟り）です。

サマディの段階

サマディには、究極のサマディまでに次の段階があります。

- 「ヴィタルカサマディ」は、身体のサマディ
- 「ニルヴィタルカサマディ」は、身体を超えるサマディ
- 「ヴィチャーラサマディ」は、思いのサマディ
- 「ニルヴィチャーラサマディ」は、思いを超えるサマディ
- 「アーナンダサマディ」は、根源の喜びと一体になるサマディ
- 「アスミタサマディ」は、根本の私と一体になるサマディ

喜びというのも、心の働きなのです。だから、光に満ちてただ平和で幸せ、という至福感を味わったと思ったら、さらにその先に進まなくてはなりません。

やがては神そのものになり、「スーパーコンシャスネス」になります。身体は魂の入れ物だということが完全に理解できるようになります。それは、心の働きも、身体の全機能もストップした状態になり、深い静寂になるのです。

すべてが源に還り、「今」に存在するのです。

時間や空間を超え、すべての境界がなくなり、ひとつになります。身体や精神を超え、生死をも超えた、まさに神の領域に入った状態が、究極のサマディなのです。

究極のサマディで真我となり、ブラフマン、神となり、ナッシングネスになります。このサマディが「ア・サンプラガティサマディ」です。

悟りのプロセス「アセンション」

小宇宙である私たちの身体のなかには、先に説明した空・風・火・水・土という、宇宙を構成する5つの要素（五大元素）が存在します。さらに、音と光が加わります。

宇宙の5つの要素のなかで、土の要素は地球的な要素です。

地球にはそのなかに植物を育て、動物を養う、という力強い大地の母なるエネルギーがあります。同様に、私たちの身体は土の要素から成り立っています。土の要素は、考えたり労働したりするエネルギーのもとになっている要素です。

もちろん、そこには血液などの体液という水の要素や、消化して食べ物をアミノ酸などに変容する火の要素も、それを運ぶ風の要素もあります。

自分のエネルギーが何の要素から成り立っているのかを知って、瞑想によりそれぞれの要素を浄め、それを超えていきましょう。

土を浄め、それを超えて水になります。水を浄め、それを超えて火になります。火を浄め、それを超えて風になります。風を浄め、それを超えて空になります。さらに空から音、さらに光へと変容させることが必要です。

この過程が源へとさかのぼって変容していく、次元が上昇していくということです。そのことを、英語では「アセンション」といいます。それは意識が進化していくことです。そのプロセスこそが、悟りへの道なのです。

あなたはどこから生まれてきたのか、という本当の根源に到達でき、そのプロセスにおいて、すべてを知って手放すことができるのです。

ヒマラヤの秘境で修行するなかで、私は心と身体を浄めつくして意識を進化させて、すべてを超え、死を超えて究極のサマディに達し真理となったのです。

私の場合、サマディ修行で変容したエネルギーとともにあり、みな様にそのエネルギーの祝福を与えています。心身が浄まり切って、意識が進化しているのでいつもサマディに入れます。

サマディレベルからのサンカルパという神のような意思の力で、みんなの幸せと、世界の平和を祈ります。

人はただ食べて寝るため、欲望を満足させるために生まれてきたのではなく、進化し、「本当の自分」を知るために生まれてきたのです。

私はそんな尊い人々の幸せと世界の平和を願い、純粋なエネルギーをシェアしています。

あなたは私の祝福に出会い、究極のサマディからの純粋なエネルギーの浄めで意識を目醒めさせ、真の幸福を目指し、愛の人、真理の人になることができます。

やがて真理に出会うために、マスターを信じ、瞑想を通じて、無償の愛を知る人生を歩んでください。

第5章

愛が教えてくれる、聖なる目醒め

愛とはどんなものなのか

私はこれまであなたに、愛の人になってください、とお伝えしてきました。ですが、私（ヨグマタ）がいう「愛」とは、そもそもどんなものなのだろう、と疑問に思われたかもしれません。

そこで、本書の最後に、あなたと一緒に愛について考えていきたいと思います。

今までも、講演会などで愛について尋ねられることや、相談を受けることが少なくありませんでした。

・今までいろいろ愛してきたけれど、どれもつらい思い出ばかりです。それでも愛さなければいけないのでしょうか？
・愛なんて、そんなにきれいなものではありません。愛でいつも満たされたり、癒されたりすることが、本当にあるのでしょうか？

・無限の愛という言葉を聞きますが、そんなもの存在するのでしょうか？
・神様は愛であるといいますが、神様＝愛というイメージができません。

ひと言で愛といっても、感じ方や考え方は人それぞれです。

多くの方が認識している「愛」とは、好き嫌いの愛、心の愛です。

それらは恋愛の愛、親子や家族間の愛、友だち同士の愛、ペットへの愛、大事に扱っている物への愛、仕事や趣味への愛、こういったものを指すと思います。

心の愛は「寂しさ」を基準にしている愛だと思います。何かに依存している愛です。

一見すると相手に対し親切にしているように見えても、実は見返りを求めていて、何かをもらいたいという欲から愛を送っています。つまり、ギブアンドテイクです。

大抵の人間関係はギブアンドテイクの愛で成り立っていて、つまり、欲しいという欲望の愛でありそれはときに苦しいものです。

たとえば、恋をすると幸福を感じることもありますが、とても苦しい思いをすることもあります。この恋が誰かに奪われないかと、思い悩んだりします。失恋に至れば、二度と恋なんかするものか、という気分になるかもしれません。

こうした日常的な愛がときに苦しいものに変わる理由は、時間や環境、出来事が原因となり、その愛の姿が変化していくからなのです。

最初は純粋だった気持ちもいろいろな出来事を経験するうちに、もっと満たされたいという心の思いが先に立ち、**執着する愛、欲しがる愛**に変化してしまいます。

お互いが引き合っているときはそれでもいいのです。ところがその愛の心は変化してしまいます。飽きたり、マンネリ化したりと愛する心は変わるのです。

執着する愛、欲しがる愛は、エネルギーを枯渇させてしまいます。

その人の身体的特徴や、心の何かが好きで、相手の存在に執着して自分自身を縛りつけて、逃げられずに苦しんでいる人もたくさんいるのです。

そしてときに相手の自由さえ奪ってしまいます。

一方で、私が本書でお伝えしたい愛は、ハートからの愛です。

心を純粋にしてその奥にあるハートを開いたところにある愛です。

その愛は純粋な愛です。無償の愛です。その愛は変化することはありません。それは修行をして目醒めさせる、神に近い愛です。

本章ではまず、執着する愛、欲しがる愛と、無償の愛の違いについて理解していただくことからはじめていきましょう。

執着する愛、欲しがる愛を手放す

恋愛なら、特定の２人が出会って恋をして、いつしか、この人を愛しているから結婚したい、と思うようになるかもしれません。

ところが、当然、結婚は愛のみではなく、日々の生活をともにする、ということで、すべてが相手ありきになります。

結婚まえは理想を見て、相手のいいところに期待してしまい、一緒に住んでみると、理想と現実の不一致が目につきます。相手との価値観の違いに気づきます。それが受け入れられないので相手が不完全であると思うようになるのです。

そして、イライラして、大抵は不平不満を感じるようになり、一緒にいるのが苦痛になってしまう人もいます。

自分が思い描いていた、理想の姿への執着を手放さないかぎり、苦しみは続きます。

それでもさらに執着する愛、欲しがる愛を求め続けていくと、結果的に相手に対し憎しみさえ覚えるようになっていくのです。

執着する愛、欲しがる愛は、親子の愛でもよく見られます。

大抵の場合、親は子どもを深く愛しています。

子どもはそんな親の愛を感じることで、自己肯定感を養い、立派に成長していくことができるのです。特に子どもが幼いうちは、母親の愛をきちんと感じることが非常に重要です。

子どもは母親の愛を全面に感じていれば問題なくいられます。ですが、たとえば兄弟姉妹にジェラシーを感じたり、母親が抱えているストレスを感じたり、虐待や育児放棄を経験したりすると、子どもの愛は次第に執着する愛、欲しがる愛へと変わっていきます。母親に対して何か退《ひ》いたような、苦しみの愛を持つようになります。

そのまま大きくなると、母親との人間関係をほかの人にも投影するようになるのです。私のところには、そうした小さいころのトラウマを癒したい、という方もたくさんいらっしゃいます。

また、親のほうがわが子を愛するあまり、その愛が「子どもをコントロールしようとする気持ち」に変わってしまっている場合もあります。

コントロールがうまくいっているときにはいいですが、お互いのエゴでかならず衝突する日がきます。そうなると、余計に子どもに執着し、欲しがるようになってしまうのです。

親子間のトラブルのほとんどが、執着する愛、欲しがる愛が原因なのです。

友だち同士の愛も同様です。

友だちの数が人間の大きさの証のように感じ、SNSを駆使して友だちをたくさんつくります。ですが、スマートフォンやパソコンの向こうにいる友だちとの愛には、心のどこかで虚しさを感じることも少なくありません。

愛しているのは友だち自体ではなく、「友だちがたくさんいる人気者の自分」なのです。人気者である自分に執着する愛、欲しがる愛を手放すコツは、心の深いところが満たされない感覚、「虚しさ」に正直になることです。

私たちは人に認められるために生きているわけではないのですから。

では、友だちは実際会っていればいいのか、というと、それで解決というわけではなく、友だちと認識していても、お互いに競争心があったり、ジェラシーがあったりするとうまくいきません。

たとえば、どちらかが突然金持ちになったり、昇進したり、結婚したりすると、今まで親友だと思っていたような関係ですら、音を立てて崩れることもあるようです。

これも、本当は執着する愛、欲しがる愛だったためなのです。

どんな対象にも、執着の愛を抱いていては幸せになれません。苦しいだけです。

では、どうしたらいいのでしょうか。

その答えにはいろいろありますが、まず、**あなたの見方を変えるということです。**

不足を補ってほしいということではなく、そこから何かを学ぶのです。

トラブルがあるなら、相手のことを「神が送ってくれた学びの対象」として見てください。インドでは、「人間関係は相手のなかに神があるので、拝む気持ちで会う」という教えがあります。相手の深いところに神を見て尊敬します。

恋愛関係も単なる肉欲ではないのです。ヒマラヤ秘教の教えに、性的な戒めがあります。そうした欲望ではなく、もっとスピリチュアルな愛にするのです。相手をジャッジするのではなくお互いに成長する愛にするのです。それは心を浄めたあとに現れる純粋な愛なのです。

もうエゴの愛からは解き放たれるときがきたと思い、それをぜひ手放してください。そして、本当の意味で思いやりを持って、相手を尊重し、敬っていきましょう。

あなたのほうから慈しみの愛を抱けるようになれば、その波動はすぐに周囲へと広がり、すべてが変わっていくでしょう。

湧き上がる「愛と感謝」を解放する

ときどき、愛されたことがない、という人や、愛したことがない、という人がいます。そんなことはないはずなのですが、そう思い込もうとしているように見えます。

人間関係で傷つき、痛い体験をすると、人に対して不信感を抱いてしまいます。

他人なんか絶対に信じない、もう誰のことも愛さない、という具合です。

また裏切られるかもしれない、という恐怖から、他人に対して過度の期待をしないようにして自分を守ります。

そうして生きていると、いつしか心がとても頑《かたく》なになり、いつでも冷静を装うようになってしまいます。

人間関係に対してクールに割り切って、本当の愛や素直な気持ちを感じようとはせずに生きようとします。

なかには、自分を傷つけることがないペットや物に愛を注いで、虚しさを埋め合わせたり、また、虚構のものに愛を注いだりして、バランスをとっている人もいるようです。

これも、自分の自尊心に執着する愛、欲しがる愛なのです。

人間関係を恐れるようになると、自分のなかに「孤独を愛する自立した人間」という虚像をつくり出す人がときどきいます。別の人格をつくり出すことによって、外側からくる刺激から守り抜くという現象です。

その結果、「孤独を愛する人」という虚像と、「寂しがっている自分」とのはざまで苦しみが生まれるのです。虚勢を張っているのです。

最近は、人と関わらないで静かにひとりでいたい、という人も増えているようです。好きなことに時間を費やすのです。それはそれでいいのですが、それは人間完成になっているわけではありません。

自由に、幸せに生きているように見えますが、他人を信じないで、寄せつけずに生きることになっていないでしょうか。魂の自由と自分勝手な心の自由とはまったく違うものなのです。

まわりの人からいただく愛や、彼らを思うときに感じる愛を否定する必要はないのです。そこからさらに豊かな無償の愛に成長できるのです。

みんな、いろいろな建前やストレス、思い込みで不自然になっている時代です。心がさまざまな情報にとらわれて、翻弄されて、自分の感覚が鈍くなってしまっています。

人には本来、愛や感謝を自然に抱いたり、受けたりできる素直な気持ちがあります。それを押し込めずに解放させていきましょう。理性にかたより、硬くなって、自分の価値観に固執するのではなく、湧き上がる感情を大切にしてあげましょう。

好きな気持ちへの執着に気づく

あなたにも好きな人がいれば、苦手な人もいるかもしれません。また、あなた自身も好かれたり、逆に嫌われたりした経験があるかもしれません。

あの人が苦手だ、もしくは、あの人に嫌われた、と心を乱し、幸せに生きられない方が、私のもとにも多くいらっしゃいます。

好き嫌いに心を惑わされるのはすごくもったいないことなのです。

なぜなら、**好きと嫌いは別の存在ではなく、コインの裏表のように、実は同じものであり、一元だから**です。

何かを、好きだ、と認識するためには、世のなかの事象を「好きなもの」と「好きではないもの」に分ける必要性が出てきます。

さらに、その「好きなもの」をより「大好きなもの」に発展させるためには、「好きではないもの」を「嫌いなもの」に発展させなければ、認識のバランスがとれなくなってしまいます。

つまり、好きが生まれるから、嫌いが生まれるのであり、光があるところに影が落とされるのと同じ仕組みなのです。

あなたのまわりでも、過度に「好き」を意識する人が、過度な「嫌い」を生み出しているのではないでしょうか。

好き嫌いが激しい人、というのはこの仕組みによりでき上がっていくのです。

たしかに、好きになるということで、小さな幸福の片鱗を体験することができます。

だからといって、いつでも好き嫌いで人や物事を判断するのは、小さな幸福への執着といえます。

それは心の働きであり、何かのこだわりや思い込みにコントロールされている結果なので、湧き上がる自然な愛とはまったく別物です。

また自己防衛の結果からくる、心地いいという感覚への執着なのです。

これらの思い込みやその執着が進むと、好き嫌いの激しいわがままな人になっていきます。

好きと嫌いは常に相反するエネルギーです。

楽しいときは気分がいいですが、ひとつ間違うと、嫌いという感覚に変化し、相手を恨んだり、憎んだりして、エネルギーを落ち込ませてしまうのです。

だから、好き嫌いが激しい人は「気分屋」「つき合いづらい人」と思われ、だんだんとまわりの人は離れていきます。

そしてまた、自分と距離を置こうとする人を嫌いになってしまう、という悪いスパイラルに、どんどん落ち込んでしまうのです。

その連鎖を断ち切るために、**好きから生まれる、心地いいという感覚への執着を手放してみましょう。好きという感情のとらわれを外し、平和にしましょう。嫌いだという認識もいつしかやわらいでいきます。**

感情がニュートラルになって、人のいいところがちゃんと見えてくるようになります。さらに瞑想を行うことで心の思いが外れ、平等と慈愛が現れます。

好き嫌いからくる苦しみから解放されるようになるでしょう。

敵対するものにこそ、愛を送る

生きていると、まわりの人やさまざまな事象から、いろいろな苦しみがやってきます。私たちはそのような苦しみと闘い、何とか排除しようと試みます。

しかし、本当にそれがまわりからやってきたものなのか、それとも、心の働きでつくり出しているものなのかを判断し、真の意味で目醒めていかなくてはいけません。

心の働きと気づかずに、周囲を見わたして、闘う相手を探してばかりいると、実は自分に対して嫌悪感や憎しみを抱いたり、ときには敵対的な心、攻撃的な心を持ったりしてしまうのです。

それはまさに毒です。

闘う相手を攻撃しているつもりが、自分自身がその毒に侵されています。すると、心を病んだり、身体的に病気になったりするのです。

まじめな人ほど、こうでなければいけない、という強い思いがあります。

一生懸命なあまり、あの人のやり方が気に入らない、態度が気に入らない、と思い続けていると苦しくなってしまいます。

自分の正しさや価値観ではなく、全体を理解しておおらかな気持ちになったり、まあいいかと軽い気持ちになったりすることも必要でしょう。

さらに、もしも闘う相手に対して愛を送ることができるのならば、その愛で自分自身も癒されていきます。

それには、ちょっとおこがましいと感じるかもしれませんが、いわゆる**「許す」「受け入れる」ことを、あなたのほうから届けてください**。

嫌だったことも、すべてを学びとして受けとり、感謝と愛に変えていきます。

こうして無心ですべてを見ていくのです。この「見ていく」という意識の訓練が大切です。そういう意識の訓練をしていくことによって、愛の本質に近づいていくことができます。

意識の訓練が進めば、自分が平常心になり、相手も落ち着くのです。自分が変わり、まわりを変え、そして癒すことさえできるわけです。

それは本当に進化した段階の行為なのです。こうして意識を進化させることこそが、真理を探究するということなのです。

インドでは、すべての人を神の子と見ます。これは、人々が小さいころから自然になされています。

多くの人は相手に完全性を要求します。あるがままを受け入れ、まず「許すこと」ができると、大きな愛が育っていくでしょう。

相手を敵として見るのではなく、友であり、母であり、兄弟姉妹であり、今まで体験した愛を感じる存在として見る練習をします。

そして、「すべての人に神を見るあり方」を学ぶことができれば、深い安らぎを得ることができるでしょう。平等意識というものがあります。外側はいろいろ違っていても、内側は同じです。みんな平等に見るのです。

相手の源にある神を愛していくのです。それが信仰ということです。

安心するということは、信じ祈ることです。祈りは神を賛美し、ほめ讃《たた》えるものです。

そして、自分の魂も神の子ですから、神をほめ讃えることは、自分自身の魂や「本当の自分」をほめ讃えているのと同じことになります。

祈ること、ほめ讃えることにより、愛のチャンネルが開かれ、無限のパワーをいただくことができます。祈りはそれほど強いのです。

無限からの愛が、毒を溶かしてくれるでしょう。

愛や許しを強くして、本当の自分は誰なのか、自分のなかに何があるのかに気づいていけば、自分を変えることができるのです。そうしてもっと愛を育み、まわりを許し自分を愛する、さらには至高なる神を愛してそれを強めそれと一体になっていくのです。真理を探究していくのです。それはヒマラヤシッダー瞑想を実践していくのです。

手放すことで生まれる喪失感との向き合い方

人生には愛によるいろいろなつながり、結ばれ方があります。

順調なときはお互いに助け合えるのですが、うまくいかないときは愛と憎しみが混在して大変苦しい日々に変わるのです。

純粋な愛が、エゴによってドロドロとした執着する愛、欲しがる愛に変化したときに、物事が正しく見られなくなり、人の意見も受け入れられなくなります。

その執着を浄めることが、人の成長の鍵になるのです。

そのために本格的な修行があります。ヒマラヤシッダー瞑想は心を純粋でパワフルなものにして、やがては悟りを得ることさえできる修行です。ヒマラヤシッダー瞑想をしていくことで、心を浄化して、心の奥にあるハートを開いて愛が育まれます。自分を愛し信じるのです。そして、まわりの人を尊敬できる人になりましょう。

そこから愛の回路が開かれ、宇宙的な愛に発展させていくことができます。この感覚を体験していくことが大切なのです。

ヒマラヤ秘教で根本から変わるのが一番ですが、そのためにはシッダーマスターとの直接の出会いが必要なので、ここでは簡単に生活にとり入れられることをアドバイスいたします。

それは、**こだわりのない、慈愛の修行をしていく、ということです。**具体的にいうと、

見返りのない愛を自らが先に捧げていくという練習です。誰もがこの愛を持っています。

見返りを求めずに、執着する愛、欲しがる愛を手放すと「寂しさ」を感じるはずです。与えられていたものがすべてなくなってしまうのではないか、と思うからです。

それは、その対象に依存し、それを所有していることで、心の不足を補っていたからです。

この「所有している」という感覚は、心が対象と同一化しているだけなのです。それに気づかなくてはなりません。あなたは心ではありません。変化する心ではなく、源の変化しないところへつながり、そこからの愛を出していきましょう。それは湧き上がる愛です。

恋人、夫や妻、パートナー、子ども、親、友だち、愛着のある物、ペット、若さ、見栄、自尊心、思い出……。

生きていると、執着したくなるものが入れ替わり立ち替わり現れます。それは心のつながりです。カルマのつながりです。ギブアンドテイクで、相手に期待しています。

しかしこの関係は、心の関係、気を使い疲れる、表面的な関係です。
手放すことで、心の執着がとれていきます。

このように、あなたがこの世界に生まれてきたのは、神の恩寵をいただいて進化していくためなのです。単に、心の欲望を満たし、一喜一憂するために生まれてきたのではありません。

先にお伝えしたように、ヒマラヤ聖者は内側の命の科学の秘密を知っています。
人は通常、内側を浄めて生まれ変わることはできないのですが、シッダーマスターは変容を可能とする智慧とエネルギーを持っている稀有な恵みです。修行をとおして究極のサマディで得たエネルギーを、祝福という形で人々へ届けます。

それは、愛、音、叡智といったさまざまなレベルから人々を浄めて、「本当の自分」を目醒めさせ、悟りへと向かうガイドです。

まわりの人を、あなたのなかにある、無償の愛を湧き上がらせるためにいる存在だと思ってください。

そして、執着した愛、欲しがる愛から、神に捧げる愛、透明な愛へと変容させていきましょう。

無償の愛を抱くという修行

ここまでいろいろな愛を見てきました。

自分の執着する愛、欲しがる愛を知ることは容易ではありません。

もし相手の立場に立って考えることができたら、自分の愛を別の角度から客観的に見つめることができるようになります。

さらに、布施や人のために無償の行為をしていくと、何かが変わりはじめるのを実感するでしょう。人から親切にされたらうれしいように、あなたも人を助けていきます。

その過程で、自分の愛が、執着する愛、欲しがる愛だったことに気づいたら、それはあなたの内なる小宇宙で、無償の愛の芽が出はじめた証です。

インドにおいては、バクティといって、神や神への道を示すマスターを信じて、ただ慈しみ、愛することに疑問を持ちません。一般の方でも、神やマスターへの絶対的な慈愛を抱いています。

そうすることで、逆に神から直接あるいはマスターをとおして愛をいただけますし、安らかで、エネルギーに満ち、とても祝福されている感覚になれるのを知っているからです。

そうして愛の人になると、もう何の心配も不安もなくなります。

無限の存在にチャンネルを合わせ、信じます。神を愛します。

神は、遍《あまね》く、存在しています。

この世界のすべてのものは、至高なる神の心が働いてつくられています。つくられたものそれぞれのなかに神がいるのです。

実は、あなたのなかの小宇宙にも八百万の神が存在しているのです。それぞれの源にそれを生かす力があります。それが神々です。

日本にも「米ひと粒に、７人の神様がいらっしゃる」といういい伝えがありますが、神はあらゆるところからあなたを見守り、ともに歩んでいるのです。

神を、空のうえにいるような、遠く離れた存在だと感じている人もたくさんいらっしゃいますが、それは違います。

究極には、この世のすべてのなかには神が存在するのです。ですが、神の愛は肉体の自分とは波動が違うので、普通に暮らしているだけではなかなか届きません。

シッダーマスターはサマディですでに神と一体になっているので、同じクオリティを持っています。だから、神と人々をつなげる橋となることができるのです。

シッダーマスターからいただけるエネルギーは神に等しいエネルギーです。

たとえば、ディクシャではシッダーマスターからのエネルギーのシャクティパットで、あなたの心身を浄め、本当の自分への回路を開きます。

そして心を浄めると、さらにその奥に存在するハートが開いて無償の愛が湧き出てくるのです。神を信じることを長いあいだやってきた人が私のところにきて、生きたエネルギーで浄められ、最速で苦しみがとれたといっていました。

ただの想像ではなく、実際に変容が起きて神につながりパワーをいただけるのです。

愛はいつでもそこにある

ディクシャでシッダーマスターからエネルギーをいただくと、人生がいっきに変わります。

人生が変わったことで、「本当の自分」が愛に満ちた存在であるのを知った女性からのメッセージをご紹介します。

ヨグマタジにつながる直前まで、人間関係でとても苦しんでおり、消えてしまいたいとまで思う日々が続いていました。

ボロボロで、力もなくなっていたころ、以前からすすめられ、本を読んでいたヨグマタジにつながってみようと決めました。

ディクシャをいただいたとき、涙が止まらず、経験したことのない、何ともいえない安心した気持ちになりました。

それから少しずつ、起こる出来事が好転していきました。

まず、すぐに職場が変わり、収入が増えました。

苦しんでいた人間関係は切れ、それをきっかけに、多くのすばらしいご縁をどんどんいただきました。今もいただき続けています。

最近では、自分のしたいことが仕事として成立するようになり、夢が叶いました。

自分から愛をとりに行かなくても、自然の流れのなかで受けとるようになり、感謝をすることが増えました。

本当に必要なことに力を使いたいと思えるようになりました。

今までは考えなくていいことを自分でつかんで苦しみ、エネルギーをむだ遣いしていたことを痛感しています。

本当にすごいなと、何度も思います。ヨグマタジに出会えていなければ、以前のように小さく縮こまって、泣いて誰かに助けを求め、執着していたんだろうな。

今とは違う縁ができていたんだろうな。壊れていたんだろうなと思います。

今も、落ち込み、不安や恐怖心が出てくることもありますが、すべていい方向に向かっているから大丈夫と、そのたびに気づきや助けをいただいています。

もっと信じる心を強く、愛の人になれるよう修行をしていきたい。ヨグマタジ。こんなにしていただいてありがとうございます。

（熊本県　40代　女性）

「愛」と「調和」が宇宙の本質

宇宙の本質は「愛」と「調和」です。人はそれを神と呼びます。

自然は宇宙の本質から現れる愛を循環させて、すべて助け合っています。それが自然の調和した姿なのです。

当然ですが人間も自然の一部であり、その本質から生まれました。心と身体が現れてきたのです。

ですが、多くの人は競争社会で自分を磨く結果、どうしてもエゴが肥大し、ときに自己防衛で否定的な思考を持ってしまいます。そして、社会の価値観、親の価値観、あるいは本人の学びや体験による価値観で染め上げられた強い思い込みを持ってしまうのです。それらの自分の価値観やとらわれた思い、マイナス思考の色眼鏡《いろめがね》でまわりを見ています。誰もが、常に心を使って生きているのではないでしょうか。

常に自分を優位に立たせようとして自己を守り、また自他を責め、また先を心配し、過去にとらわれて、いつも心に左右されているのです。

心が発達しているのが人間の特徴です。心はクリエイティブで、すばらしい便利な社会をつくり上げました。そのすばらしさの一方、ああだ、こうだと欠点を探し、常に不平不満をいっている厄介な心があるのも事実です。

ほとんどの人は、自分に対して一番きびしいジャッジをしているのではないでしょうか。自分が置かれている環境や親、あるいは自分の身体と心に満足していません。

他人よりも劣っているところを見つけ、自分はダメだと感じたり、新しいことに挑戦するときも、心のなかで「できるわけがない、無理だ」と躊躇《ちゅうちょ》してしまったりします。

批判やジェラシーをされないための自己防衛であったり、いいわけであったり、トラウマであったりとさまざまですが、そう思うのが楽でもあり、文句をいいながらもそこにとどまっているのです。その心に引きずられているのです。

心ははかり知れないほど長いあいだ、そうした思いを連綿と持ち続けてきました。

シッダーマスターはあなたのその思いを断ち切ることができます。

人間から進化して天使になる新しい生きる道です。意識を進化させます。

最近は「次元上昇」という言葉を聞きますが、それはほとんどの場合心の思い込みです。まず心を浄めていかなければそうしたことは起きません。浄める力のある瞑想、正しい瞑想、ヒマラヤシッダー瞑想を行うのです。そうしてはじめて心を超えていくことができます。

そしてハートを開くのです。心を超えたところにある純粋な愛を育みます。

やがて心ではなく愛のみを使っていく存在になれば、すべてがうまくいくようになります。

これまで説明してきたように、愛には心のレベルの愛と宇宙的なレベルの愛があります。そしてそれは修行することで、日常的な低いレベルの愛から段階を追って、高いレベルの愛に進化させていくことができるのです。

見返りのない愛、無償の愛を捧げ、愛の人になれば、生命エネルギーが消耗することはなくなります。

もし、人生のなかで、誰かに傷つけられたとき、「過去生のカルマが返ってきているのかもしれない、何かを教えてくれている、私のなかに愛が足りない、許す愛が足りない、ありがとうございます」と、その出会いに感謝と許しを行います。

愛する人を失ったとき「なぜ私ばかりに不幸が訪れるの」と悲観しません。それを受け入れ、学びとし、感謝します。また出会う人に愛と感謝で接していくのです。

苦しいのは心の執着だと理解するのです。心は常に自分の欲望を満足させようとしていると気づきましょう。

人はそれぞれの運命でその道を選択しています。何が起きても今までの結果です。

もっと自分に感謝して愛します。そして人を愛します。

生命力を無駄に使う生き方をしていたと、気づくのです。何より、高次元の存在を信じます。

いろいろな苦しみや悲しみを経験していたとしてもすべてエゴの苦しみと気づくのです。心は常に不足をなげいて苦しむのです。実は自分は心の苦しみではないのです。エゴの葛藤なのです。エゴのゲームともいえます。

そうした心をなげくのではなく、次のようなメッセージを送りましょう。心よ、ありがとう。あなたを愛します。あなたを見つめます。心が静まりますように、あなたはもう卒業です。あなたは休んでください。私は成長しました、あるがままのあなたを愛します。

宇宙的な愛、無償の愛で癒すのです。そうしたことを「成長するため」の経験だと気づくと、感謝の気持ちさえ湧いてくるでしょう。

見返りを求めないで、エゴの心を働かせず、神聖な愛の状態で、そのことに対処できる人になっていきましょう。そして、まわりの人の成長と幸せを願います。自分のみの幸せではなく、世界が平和になっていくために、少しでもこの心身を使っていくのです。

悟りとは無償の愛と一体になること

悟りへの道、幸せへの道とは、「本当の自分」になって真理を知ることです。

それは、自分を分析して知るということではありません。

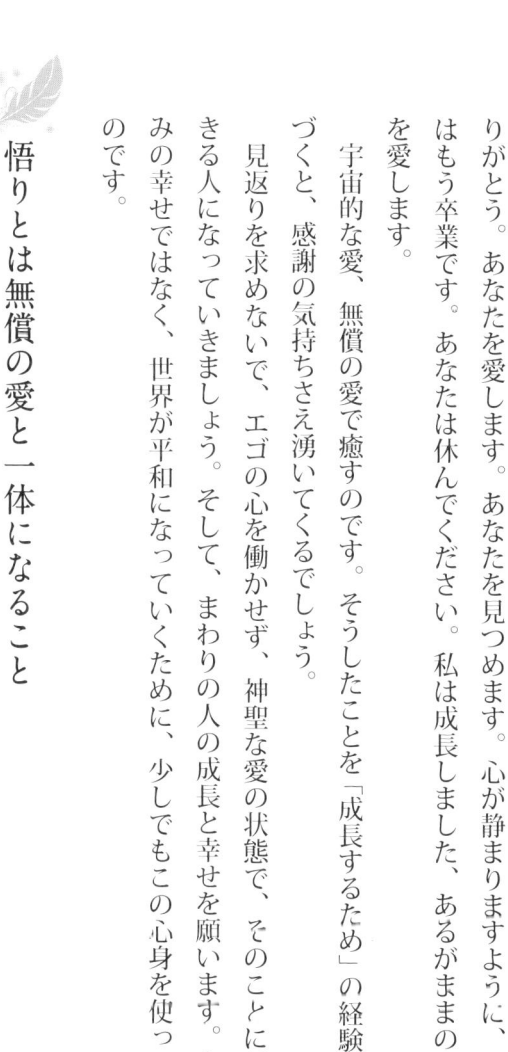

悟りへの道には、いろいろな道があります。源に還っていくために愛の道、エネルギーの道、智慧の道のそれぞれの道があります。

シッダーマスターはそれを正しく導きます。それは自らが体験したからです。究極の真理への秘密の科学を知っているのです。今、この本で悟りからの智慧を示しています。

シッダーマスターを愛すること、それは本当の自分を愛することになり、さらに無限の至高なる存在、神を愛することになります。

そして自分が無限の愛と一体になっていく、それが愛の道、信仰の道です。

このように智慧、愛、さらに生命エネルギーと、それぞれの道を修め、さらにそれを超えて、自分が生まれてきた、神のもとに実際に還っていくことこそが、本当の安らぎなのです。

科学では物事を理解するため、外側のものを分析したり、あるいはこまかく分解してそのなかに何があるのかを分析します。究極のサマディの悟りとは、自己の内側に何があるのか、自分がその源に還っていくことを実感していくことです。

真我（アートマン）、自己、つまり魂は、創造の源、神、宇宙の魂（パラマアートマン）、本当の自己から分かれた存在です。それは永遠の存在ですが、心の曇りに覆われていて見えないのです。人はその存在を知らないのです。

心の曇りとは、カルマという行為の結果の記憶であり、心に蓄積しています。そしてそうした心の欲望に生涯振りまわされている姿が一般の人の生き方なのです。

人は心を浄化し、自分がいったい誰であるのかを実際に知っていく、そのために身体と心をいだいて生まれてきたのです。それを活用して本当の真理に出会うのです。それこそ人が生きる真の目的であり、真の成長なのです。

ただ欲しいものを手に入れるだけでは、心と身体の不足しか補えません。本当は神がすでにすべてを与えてくれているのです。

心身を誤って使い、苦しみをつくるのではなく、心身を正しく使ってさらに輝かせ、進化して「本当の自分」を探すための道具として使っていきましょう。

今がこの新しい生き方へとシフトしていく目醒めのときです。

心を本当の意味で磨き、意識を高めます。争ったり、欲しがったり、ジャッジしたり、憎んだり、悲しんだりして汚すために心があるのではありません。喜び、楽に生き、自他を幸せにしていくためにあります。心を正しく使い、愛を育み、愛をシェアして、まわりを幸せにすることが容易にできます。それが悟りの道です。そして心の働きに気づいて、愛を使うことで浄化し、それを超えることで、源に還ることができるのです。

それがヒマラヤ秘教の教えです。人のなかに自分の心と身体を生かしている命の働きがあります。ディクシャでそこにつながります。それは永遠の存在であり、変化しない存在、すべてがそこからつくられそこに還っていくのです。

それは減りもしないし増えもしない、不死の存在です。それが本当のあなたなのです。それを体験していきます。

幸運にも今、シッダーマスターの助けで、創造の源に戻る、真の幸せへの道、苦しむのではなく癒しながら、「本当の自分」になる道が示されています。

あなたは目醒め、そこへ向かっていけることでしょう。

おわりに

人は誰でも幸せになりたいと願って生きています。そのためにどう成長するべきかという魂の疑問が、あなたを本書へと導いたのだと思います。

本書でいろいろな事柄に対する疑問をひも解いてきました。あなたはきっと新しい生き方に目醒めて、その道を歩み出してくれることでしょう。

ヒマラヤの聖者は究極のサマディに没入して真理を悟った人です。人は何のために生まれたのか、そうしたすべての疑問を明らかに悟った存在です。そのガイドによってあなたは真の幸せを得て、クオリティを高める生き方ができるようになります。

普通に生きていると真理を知らないために恐れから、ただいたずらにエゴを肥大させて苦しみながら人生を歩むことになっていくのです。無意識に病気や死、貧しいことや老いることを恐れ、それを隠すためにいろいろな知識や物を集めて、心で「気づいた」「成長した」と無理やり自分を納得させてしまいます。

いろいろな心のフィルターをとおして現実を見ているので「本当の自分」を知らず、生まれた意味や愛もわからずに、心と身体、感覚を楽しませるだけの生き方をしていることにさえ気づかないまま、年を重ねていくのです。

本当は、あなたもカルマという心の記憶を頼りに、前世でやり残したことを今生で実行するために、この心と身体をいただいて生まれてきています。

人間はすばらしい文明を発展させるために努力し、便利な世界をつくり上げました。ですが、競争社会には幸せな部分と不幸せな部分があります。多くの人がこの便利さに追われ、真の豊かさを見失っているのです。

ヒマラヤの教えは最高の人間になるための教えです。まず「本当の自分」につながり、いい生き方をし、究極には真理を悟っていくのです。過去生から続くエゴの願望ではなく、深いところにある魂の願いに耳をかたむけた生き方をするのです。それは、ストレスをためない、生命力を減らさない生き方です。まわりを幸せにする生き方、新しい生き方に目醒めましょう。

勇気を持って新しい人生に飛び込みます。心を正しく使う生き方、この当たり前の生き方ができなかったのです。

よりよいエネルギーと智慧と愛をシェアして、悪いものを浄化し、あなたの意識を引き上げる存在、それがヒマラヤ聖者です。それは今までとはまったく反対の生き方かもしれません。でもマスターの支えがあれば、恐れることなく進んでいけるでしょう。

私、ヨグマタは選ばれてヒマラヤ聖者となりました。死を超えて、究極の存在、神に達したのです。究極のサマディ、神、「本当の自分」になり、真理を体験したのです。つまり、すべてを知って、こちらの世界に戻ってきたのです。

私たちの究極は何であるか。それはスーパーコンシャスネスという、神でした。誰もがそこからすべてをいただいて生まれてきたのです。だから、私たちには何の不足もありません。

あなたも、ぜひヒマラヤ秘教の秘密の科学をとおして、新しい生き方をしてください。すべての願いが叶い、生きるのが楽になります。そしてあなたは人のために生きられるのです。修行することで、みんなを幸せにするために生きられるのです。

私にはあなたのなかを輝かす、あなたのなかにあるダイヤモンドを目醒めさせるサマディパワーがあります。シッダーマスターの祝福と智慧により、会えば会うほどそのダイヤモンドは光り輝いていくはずです。

それは無限の浸透性がある高次元の波動のシェアです。それを受けると「本当の自分」が目醒めます。すべて自然に進むので心配はいりません。

そして、あなたのなかの神、「本当の自分」が目醒めることによりあなたは満たされて、すべての問題を解決することができるようになります。

常に守られ、もう何の不安もなくなるでしょう。あなたは愛そのものであり智慧の存在となれるのですから。

その鍵は「本当の自分」を信じ、そして瞑想を実践することです。

あなたが愛を捧げることをためらわないでエゴをとり除いていけば、まわりの人が幸せになり、世界は平和になっていきます。あなたの内側にある光が灯り、輝きを増していくでしょう。

もし道に迷っても、ヒマラヤ聖者はいつだってあなたの暗闇に光を灯しています。

その明かりを頼りに、勇気ある進歩した生き方に目醒めて、よりよい人生を歩んでいただけたら、と願っております。

最後になりましたが、この本にはプレゼントとして、私ヒマラヤ聖者からのメッセージと瞑想誘導のＣＤがついています。読者の方に、目醒めと進化、そしてヒマラヤの恩恵のすばらしさを実感していただきたい、と願ってのことです。

ですが、本来瞑想は、ディクシャというシッダーマスターからのエネルギー伝授を受けてカルマを浄め、マスターと源につながり、信じる心をもって実践していくべきものです。

ですから、CDを使用してひとりで行う瞑想実践は、週2回までにし、1ヶ月以上続けてはいけません。

もし1ヶ月後に「さらに修行を続けたい」と思われたときは、かならずヒマラヤ聖者のディクシャを受けてください。

また、くれぐれもほかの瞑想法と混ぜないようにしてください。

瞑想で気分が悪くなることがありましたら、すぐにおやめください。

あなたが潜在意識を浄めて「本当の自分」につながり、幸せになることを願っています。

ヨグマタ　相川圭子

ヨグマタ
相川圭子（あいかわ・けいこ）

女性で史上はじめて「究極のサマディ(悟り)」に達したシッダーマスター(サマディヨギ／ヒマラヤ大聖者)。現在、会うことのできる世界でたった2人のシッダーマスターのうちのひとり。仏教やキリスト教の源流である5000年の伝統をもつヒマラヤ秘教の正統な継承者である。

1986年、伝説の大聖者ハリババジに邂逅。以降、毎年ヒマラヤの秘境にて、死を超える究極のサマディ修行を行い成就。神我一如に何日もとどまる「究極のサマディ」に到達し、真理を悟る。その後、1991～2007年のあいだ、計18回、インドの各地で世界平和と真理の証明のため公開サマディを行い、その偉業はインド中の尊敬を集める。2007年、インド最大の霊性修行の協会「ジュナ・アカラ」より、最高指導者の称号「マハ・マンダレシュワル(大僧正)」を授かる。日本をはじめ欧米などで法話と祝福を与え、宇宙的無償の愛と叡智をシェアしている。サマディからの高次元のエネルギーと瞑想秘法を伝授、指導している。

日本では真の幸せと悟りのための各種研修と瞑想合宿を開催し、人々の意識の進化と能力開発をガイドする。2016年6月と10月、「国際ヨガデー」と関連して国連で開かれたイベントで主賓としてスピーチを行う。そして2017年5月には、「アースデー」を祝う国際会議にメインスピーカーとして招かれ、ふたたび国連へ。

2019年8月にはヨグマタ財団(インド)がインド政府の全面的な協力のもと、ワールドピース・キャンペーン・アワード(世界平和賞)を開催した。

主な著書に『ヒマラヤ大聖者の心を癒すことば』(文響社)、『幸福への扉』(光文社)、『未来をつくる成功法則』(大和書房)、『ヒマラヤ大聖者の智慧 瞑想で「本当の自分」に出会う』(世界文化社)、『成功の源泉 ―瞑想がひらく人生の真理』(さくら舎)、『The Road to Enlightenment: Finding the Way Through Yoga Teachings and Meditation』(Kodansha USA)など多数。

問い合わせ先

ヨグマタ相川圭子主宰　サイエンス・オブ・エンライトメント
TEL：03-5773-9875(受付時間:平日10：00～20：00)
FAX：03-3710-2016(24時間受付)
ヨグマタ相川圭子公式ホームページ https://www.science.ne.jp/

ヒマラヤ大聖者が贈る

眠れる奇跡を呼び起こす

聖なる目醒め

2019年10月29日　第一版　第一刷
2019年11月22日　第一版　第五刷

著　者　ヨグマタ 相川圭子

発行人　西 宏祐
発行所　株式会社ビオ・マガジン
〒141-0031　東京都品川区西五反田8-11-21
五反田TRビル1F
TEL:03-5436-9204　FAX:03-5436-9209
http://biomagazine.co.jp/

編　集　有園智美
編集協力　倉持哲夫
校　正　株式会社ぷれす
デザイン　堀江侑司
カバー写真　©Depositphotos
帯写真　©イラストAC

印刷・製本　株式会社シナノパブリッシングプレス

ISBN978-4-86588-048-9　C0095